その子の宇宙が拡がり続けるためのことば

～保育実践から生まれたこどもが伸びる40の手掛かり～

Benesse Method

はじめに

ベネッセの保育者のまなざし。
そのまなざしの奥にある深い思いと専門性。

一つひとつのことばはもちろんのこと、
40のことばのつながりと行間から、
ベネッセの保育を表現しようと試みた本です。

すべてのイラストは、保育園の日常のひとコマ。
それも、保育者の目から見たひとコマです。

保育園だからこそ備わっている環境で、
仲間とともにたくさんのことを経験して、
自分の中で折り合いをつけたり、他者とのすりあわせをしたり、
人とのかかわりの中で生きていくことを理解しながら、
自分を認め、違いを認めることを身につけていく。

それを支援する保育者のまなざしを、
保育園の日常のシーンを通して、
この本から感じていただければと思います。

『その子らしく、伸びていく。』
ベネッセはこれからも、この事業理念を大切にしながら、
理念を体現するための挑戦を続けていきます。

2020年1月
株式会社ベネッセスタイルケア
代表取締役社長　滝山 真也

目次

本書の背景と目的

　"自分のこどもを預けたいと思える保育園をつくりたい"。この思いを持ち、1994年にベネッセは保育事業をスタートしました。それから約四半世紀が経ち、現在ベネッセスタイルケアの保育園は57園になりました。（2019年4月時点）

　保育理念は、『よりよく生きる力（Benesse）の基礎を育てる』。全園が同じ保育理念のもと保育を行っています。いきいきと健やかに毎日を過ごし、自信と意欲を持って未来を生きるこどもを育てます。

　乳児期は特定の保育者とのかかわりを大切に、こどもが安心し信頼できる大人との関係をつくれるように。そして、こどもどうしのかかわりが深まる3歳以上では、保育者との関係を基盤にしながら、多様なかかわりが生まれるよう集団生活を異年齢で構成します。3～5歳児が同じ部屋で過ごすことで、年齢の枠を超え、一人ひとりの個性を認め合い、自分らしさを発揮できるようになってほしいと考えています。この保育理念に基づいて、保育と保護者支援の目標と方針を示し、保育にかかわる人の基本姿勢をまとめた『ベネッセの保育の考え方』を全園で共有しています。この理念と方針に基づいて、時間、空間、人・仲間、遊び・生活など、こどもを取り巻くあらゆる「環境」の中で、こどもとのかかわり方を考えながら、それぞれの保育園でさまざまな形の創意工夫が実践されています。

　また、巻頭に記した『その子らしく、伸びていく。』というメッセージは、これまで積み上げてきた保育の特長を表現し伝えていきたいと、事業運営に関わるメンバーと園長が集まり、数年かけてベネッセスタイルケアの保育を振り返り、言葉を探し続けて、2016年4月に生まれました。

　本書では、『よりよく生きる力（Benesse）の基礎を育てる』という保育理念に基づいて保育の実践の場で『その子らしく、伸びていく。』を支援するた

めの「共通言語」を、パターン・ランゲージ[※]の手法を用いて書き記しています。保育園を訪れて、ヒアリングを通して実践の様子を集め、情景が近いことや、相互に関係が深いことがらなどに分類しました。そして、それら一つひとつを文章化することによって分析を行い、7つのまとまりで構成される40の手掛かりとして、ベネッセスタイルケアが大切にしていきたいことをベネッセメソッドとしてまとめました。今よりもさらに、こどもを知り、一人ひとりとのかかわりを大切にし、保育の実践を「進め」「深め」ていくための手掛かりが、このベネッセメソッドです。

　本書の制作を通して、こどもが生きる環境はこども一人ひとりを中心に拡がり、さらに、それらの環境はこどもごとに異なり、環境の捉え方もさまざまであることを知りました。こども自身の未来の可能性と、拡がり続ける大きさは無限であり、それはまさに宇宙と呼べるのではないでしょうか。そして、私たち大人がその無限に拡がる宇宙への可能性を支援することによって、こどもたちは未来に向かって成長し続けることができる。そのような気持ちを込めて、本書を『その子の宇宙が拡がり続けるためのことば』と、名づけました。

　主役はこどもであり、一人ひとりのこどもが、自分っていいなと思い、その子らしく伸びていくことを応援し、たとえどんな時代が訪れても、しっかりと生きていける力を身につけられる保育園でありたい。本書では、ベネッセスタイルケアが20年以上大切にしてきた保育を40の手掛かりとして言語化しましたが、これで終わりではありません。開かれた知識として共有し、さらなる実践を続けていくことで、このベネッセメソッドをこれからも深化させていきたいと思います。

※1970年代に、都市計画・建築家のクリストファー・アレグザンダー氏が提唱した、建築・都市計画において真の住民参加を実現するために共通言語を構築・活用する理論。

本書の読み方・使い方

　一つひとつのパターンを、それぞれ見開き2ページで紹介しています。

　見開きの左ページの上には**パターン名（❶）**を示し、その次の**英文**と**短い文章**
（❷）はパターンを連想させ、さらに**イラスト（❸）**が合わさることによって、
読者の想像を膨らませます。左ページ下の文章が、こどもを取りまく**状況（❹）**
を表し、右ページの上の「その状況において」で、パターンの達成を困難にさせ
るような**問題（❺）**を端的に言い表し、「〉〉」からはじまる箇条書きで、この問題
を生じさせるさまざまな力や、避けがたい事情、視点を増やす気づきなどの要素
に解きほぐしていますので、問題解決の糸口をポイントとして押さえることが
できます。中段からの「そこで」で、どう考えたらいいのか？どう行動すると
うまくいくのか？といった**解決方法（❻）**が続き、「●」からはじまる箇条書きで、
事例に基づく具体的な方法の記述から、下段の「そうすると」で**結果（❼）**に
結びつくまでのプロセスを理解することができるようになっています。右ページ
下には、**関連するパターン（❽）**を紹介していますので、ひとつのパターンで
完結せずに、こどもへの気づきやかかわりを拡げるきっかけにもなります。

　しかし、パターンの記述だけでは具体的な行動をイメージするのがどうし
ても難しい場合があります。なぜなら、保育園それぞれで地域や環境が異なり、
当然こどもたちもそれぞれの家庭も異なるため、パターンを理解できても、自分たち
にフィットするように捉えなおして行動に移すのは簡単なことではないからです。

　本書では、各カテゴリーの間に各パターンとかかわりの深いエピソードを
紹介しています。これらは、ベネッセの保育園で、実際に働く保育者がこども
とのかかわりの中で体験したり、こどもたちから気づかされた事例です。目の前
のこどもたちとのかかわりを、「やらねばならない」ではなく、「やってみよう」
「これで良かったんだ」と、思えるようにパターンを補完し、行動を強化する
「生きた事例」なのです。

　この本はどこから読んでもかまいません。パターンからいきなり読むのが
難しい場合には、気に入ったエピソードを読んでからパターンの内容を読んで
みるのもよいのではないでしょうか。

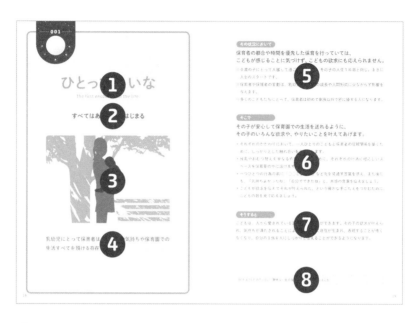

1 パターン名

2 パターンを連想させる英文・短い文章

3 イラスト

4 状況

5 問題

6 解決方法

7 結果

8 関連するパターン

13

7つのまとまりと
それぞれで伝えたいこと

001 ひとっていいな　のまとまり

　保育園は地域の中にあって、多様な家庭環境のこどもを受け入れます。そこでは保護者と保育園との信頼関係を築くことが第一であり、保育者は子育てのパートナーとして存在します。また、保育園に通いはじめるこどもにとっては、保育者との出会いは最初の社会的交流であり、一人ひとりのこどもにとって保育者との信頼関係は大切なものです。

007 言葉は渡すもの　のまとまり

　保育園での生活を通してこどもは成長していきます。その時、こどもを見守る保育者とのコミュニケーションほど重要なものはありません。保育者は成長の段階を見極めながらその子にとって必要な声かけを行い、こどもは基本的な生活習慣のスキル形成を行います。そのことを通じて、こどもは自分自身が自信や意欲を持つとともに、他者を認めたたえ合う関係を築いていきます。

014 本物に触れる　のまとまり

　食事や遊び、その中で触れる手づくりの温かみや「本物」は、園での生活に彩りを添えると同時に、それらの価値と大切さを理解する力と豊かな感性を磨き育てていきます。保育園の外に活動を拡げて社会を知り、その活動を通じて発見したことや自然の変化、社会の文化などを生活の中に反映させることで、さらに想像力や表現力が育まれていきます。

021 今のあなたがすばらしい　のまとまり

　成長の各段階において、一人ひとりの個性を大切に、その子の成長が見守られ、他者との関係性が築かれる中で、こどもは他の子の個性を認めながら自己肯定感を育んでいきます。こどもたちが場所と時間を共有できると同時に、一人であっても充実した時間を過ごせるように約束することで、こどもは安心して成長していきます。

027 こどもからはじまる　のまとまり

　保育園での生活が、遊びやさまざまな経験を通して深まっていきます。身の回りの小さな発見を見逃さず、物事を納得いくまで追求し、それがさらに連鎖して生活や活動が膨らんでいく経験を得ます。身体の成長も欠かせません。園外での活動は体力を強化するとともに、みんなで支え合い達成する喜びを分かち合い、こどもどうしの絆を深めていきます。

034 先輩へのあこがれ　のまとまり

　こどもは一人ひとりの成長とともに、それぞれが他者とのかかわりの中で達成感や人との関係性を築いていきます。異年齢のこどもたちが同じクラスで共に過ごす状況は、社会の縮図を表しているようでもあります。この環境では自主性と社会性が共に、自然に育っていきます。

040 旅立ち ALL SET

　こどもは自信と意欲を持って、新しい世界に踏み出していきます。保育者や保護者は『その子らしく、伸びていく。』を、お互いに喜び合い、卒園を迎えます。

ひとっていいな

The first encounter in the life.

001-006

ひとっていいな

The first encounter in the life.

すべてはあなたからはじまる

乳幼児にとって保育者は、その子の気持ちや保育園での
生活すべてを預ける存在です。

保育者の都合や時間を優先した保育を行っていては、こどもが感じることに気づけず、こどもの欲求にも応えられません。

》 0歳の子にとって入園して過ごす1年目は、その子の人生1年目と同じ。まさに人生のスタートです。

》 保育者や保護者の言動は、乳幼児のその後の成長や人間形成に少なからず影響を与えます。

》 多くのこどもたちにとって、保育者は初めて家族以外で密に接する人になります。

その子が安心して保育園での生活を送れるように、その子のいろんな欲求や、やりたいことを叶えてあげます。

• それぞれのかかわりにおいて、一人ひとりのこどもと保育者の信頼関係を築くために、しっかりとした触れ合いを大切にします。

• 授乳やおむつ替えを単なる作業にしないために、それぞれの行為に相応しいスペースを保育室の中に設けます。

• 一つひとつの行為の前に「○○しようね」など先を見通す言葉を添え、また後にも、「気持ちよかったね」「自分でできたね」と、共感の言葉を伝えましょう。

• こどもが欲求を伝えてそれが叶えられた、という確かな手ごたえをつかむために、こどもの目を見て応えましょう。

こどもは、人から愛されている実感を持つことができます。その子の欲求が叶えられ、気持ちが満たされることによって、自分に自信が生まれ、表現することが怖くなくなり、自分の主張を人にしっかりと伝えることができるようになります。

009 どうしたの? ／017 薄味は一生の宝物／035 3つのいいところ

家族／人生 まるごと受けとめる

Our nursery school is a big family.

保育園は大きな家族

保育園のこどもたちはそれぞれに生活を共にする家族を
持ち、多様な家庭環境の中で生きています。

家族の形や生き方、暮らし方はさまざまで、保育園に求めることも違うため、画一的な保育の方法では家族を受けとめ切れません。

》 こどもにとって一番のよりどころは家族です。

》 経験や想像力がなければ、いろいろなスタイルの家族を理解することは難しい。

》 こどもは親が悲しいと悲しくなります。また、親がうれしいとうれしくなります。

保育園はその子だけでなく、子育てをするお母さん・お父さんも受けとめる大きな家族と考えて、一体感や連帯感を築きましょう。

• こどもたちそれぞれが異なる家庭環境で育っていることを認識し、家族の人生を含めて受容することからはじめます。

• そのために、家族の仕事や家庭の状況を聞き取り、しっかりと受けとめて、保護者の気持ちになって考えます。

• 送り迎えをする保護者へは、家族の一員のように 「いってらっしゃい」 「おかえりなさい」 の声かけを行いましょう。

• こどもが今日一日をどんな風に過ごしたかを伝え、共有するために、その日の保育の様子を写真や文章にまとめ、保護者に伝えましょう。

保護者は、こどもが保育園にいる間も大切にされていることを実感し、安心することで、保育園との信頼関係が生まれ、保育者は子育てのパートナーになれます。また、保護者どうしのつながりを生むことで、立場・境遇が同じ家族どうしの共感が得られると同時に、異なる家庭環境の家族に対する理解が生まれます。

018 食べるは楽しい／021 今のあなたがすばらしい／033 アトリ園

その子の紋章

My symbol mark.

自分を確立する目印

たくさんのこどもたちが共に生活する保育園には、まだ自分の名前が読めず、自分の物かどうかの判断や区別が十分にできない年齢の子もいます。

毎日の生活の中で出したりしまったりしている物なのに、表示がないことで場所や所属がわからなくなり、不安になります。

≫ 乳幼児の早い段階では、まだ十分に文字が読めません。

≫ 使っている物を片付ける場所に表示がなければ、他人や自分の物／場所の区別ができません。

≫ 保育者は、こどもが自分で見つけるのを待つより、すべて指示し与えるほうが早いと思って行動しがちです。

そこで

その子だけのシンボルマークを入園の時に決め、その子の物や場所に表示しましょう。

● 入園の時に、乳児の頃から認識しやすい身近な物をモチーフにしたマークを決めて、卒園するまで使います。

● 保育園内の下足入れや棚など、こどもたちが使ったり、物を片付ける場所にマークをつけておきます。

● 幼児クラスでは、その子の制作した物だとわかるように作品にマークをつけます。

● 一時保育など一時的なお預かりであっても、その子のマークを決めましょう。

そうすると

マークがあることで自分の物や居場所がわかり、安心して生活を送ることができます。保育者からの指示を受けなくても行動しやすくなり、こどもが主体的に行動できるようになります。そうすることで、見通しを持って生活ができるようになるのです。

010 生活習慣を仕掛ける／016 メイドイン園／026 居場所を宣言する

足の裏から
人生がはじまる

Walk, run and climb as you like.

人類の文明は直立二足歩行からはじまった

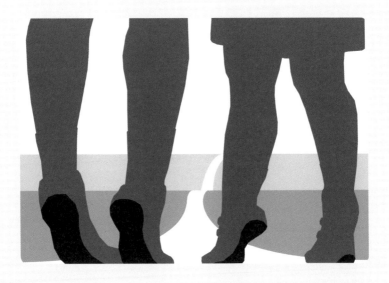

こどもたちは日常生活の中で広い場所に出ると走り出し、坂や段差に出くわすと、あきらめずにどんどん登り出します。

幼いころから乗り物があたりまえの生活となってしまい、
自分の足で立って、歩いて、走る機会が少なくなっています。

》家の外は、こどもが歩かなくても移動できる乗り物であふれています。

》室内での遊びが多様化して、外で体を動かす機会が減っています。

》こどもの運動能力を伸ばすためには、専門の体育講師を呼んだほうが効果的と思われがちです。

長距離の散歩に出てみたり、急な坂道を積極的に登ってみましょう。
起伏のある環境をつくると、さまざまな運動機能を使います。

• 運動機能の発達のために、「歩く」「走る」「登る」が積極的にできる環境や機会を用意しましょう。

• 戸外活動では、近所の散歩道、坂、階段を調べて、散歩ルートに組み入れます。あえて歩道橋を使うような移動もいいでしょう。

• 散歩では、長い距離や高低差にもチャレンジして、少し大変な環境にも挑戦しましょう。

• 危険・安全を体で感じることで、自分の体力や身を守ることを理解することができます。

• それと同時に、みんなで歩き通したことでの達成感を得ることが大切です。

起伏や段差を経験することで、体のバランス感覚が身についていきます。保育園から出て、みんなと一緒に歩き、自然と支え合うことで、身体機能と心の成長が同時に得られます。

017 薄味は一生の宝物／019 おでかけ園庭

1/365

Happy birthday to "only you".

その日は、あなただけの誕生日

乳幼児期のこどもは一年一年と大きく成長していきます。
保育園ではこどもの誕生日をみんなでお祝いします。

その状況において

同じ月に生まれた友だちと一緒に誕生日を祝ってもらうのも うれしいけれど、誕生日当日に祝ってもらえると特別感は増します。

》 誰にとっても誕生日は一年に一度しかない特別な日で、その日だけは自分が主役になれます。

》 だから、誰にとっても誕生日は無条件にうれしい日。

》 誰でも、その日が誰かの誕生日であることを聞いたら、お祝いしたい気持ちになります。

そこで

一年を通して、こどもの数だけの誕生日があります。 こども一人ひとりの誕生日をみんなでお祝いしましょう。

• 一年のカレンダーを見て、こどもたちすべての誕生日を予め把握しておきます。

• 一人ひとりの誕生日が訪れた際に、誕生日がわかるような写真やカードの掲示を行います。

• 当日、お誕生日バッジなどをつけることで、みんなから今日が誕生日であることをひと目でわかってもらえます。

• 保護者にとっても、その日は親になって何年目かの記念日。その子と一緒にお祝いすることで、その子の成長と共に親としての成長を実感します。

• 例えば、誕生日にその子の保護者に保育参観に来てもらい、一年の成長の節目の日を保護者と共に喜び合いましょう。

• 誕生日がお休みの日にあたってしまう子がいたら、忘れずにその前日にお祝いをしましょう。

そうすると

自分の誕生日をたくさんの人に祝ってもらうことで、成長実感だけでなく、自分が大事にされているという自己肯定感にもつながります。他のこどもにも同じようにしたいと思えるようになり、こどもどうしのかかわりが深まっていきます。

007 言葉は渡すもの／024 一人でも過ごせる／035 3つのいいところ

とつ とつ おう とつ

凸凸凹凸

Unevenness of space.

出っ張りとへこみの協奏

こどもたちは、０歳児で入園してから卒園まで、一つの
建物の限られたスペースで一日一日を過ごします。

保育室の形を建物として最初からつくり込んでしまうと、成長や活動に合わせてスペースを変化させることが難しくなります。

>> 単にだだっ広い場所ではよりどころがなく、かつ自分の居場所を見つけることが難しいものです。

>> そもそも建物は、建築基準法で定められた大人の身体スケールに合わせてつくられています。

>> 行く手に凸があると走りません。凹があるとこもってじっとしたくなります。

そこで

保育室はなるべくシンプルな設計にして、家具や備品をうまくレイアウトし、凸凹な空間ができるように工夫しましょう。

- 建物の凸凹をうまく活用し、そこに家具のレイアウトを加えて、こどもが落ち着ける環境や、絵本コーナーをつくりましょう。

- 凸は動きがぶつかるもの、凹は動きを包んで落ち着かせるものと考えて、組み合わせを考えましょう。

- 例えば、奥行きがあって扉がないような収納スペースを、絵本コーナーやこもって遊べるような空間や、読み聞かせの時に座る場所などに利用しましょう。

- 平面の工夫だけでなく、天井の高さも変化させましょう。天蓋を用いて天井を低くすることで、こどもにとって落ち着いた、居心地のいい空間をつくります。

- 定期的に棚の位置などを振り返り、レイアウト変更を検討しましょう。季節ごとの装飾の変更時は振り返りの絶好のタイミングです。

そうすると

凸凹をうまく組み合わせることで、家や部屋らしくなり、均質的ではなくバリエーション豊かな空間が生まれます。こどもが長い時間を過ごす保育園の中で、自分が落ち着ける場所を持つことで、安心して過ごすことができます。

010 生活習慣を仕掛ける／011 変化は進化／013 こどもとの知恵くらべ／023 ピットイン／030 遊びを混ぜない／037 テーブルの七変化

エピソード

001　ひとっていいな

　０歳児クラスを担当して２年目に出会ったＡくんは、入園時すでに１歳だったこともあり登園をしては毎日不安そうな表情をしながら近くにいる保育者にしがみついて大泣きをしていた。食事はもちろん、水分も摂れない日々で母親が母乳を飲ませに保育園に来ることが７月まで続いた。Ａくんにとって園が安心できる場所と感じてもらえるよう、Ａくんの不安な気持ちを受けとめ、丁寧な声かけやかかわり方を意識し、食事の際も水分が摂れなくて心配をする気持ちはありつつも"いずれ飲めるようになる"と思いながら、Ａくんのその時の気持ちや気分を大切にして無理じいはしないようにした。そんな日々を繰り返していくうちに、ある日突然スプーンからお茶を飲めるようになり、食事も少しずつ食べられるようになった。笑顔も見られるようになり、夏以降は誰よりもご飯をよく食べ活発な男の子になっていた。お母さん、お父さんにしか心を開いていなかったＡくんが、私たち保育者を信頼してくれて心を開いてくれるようになったんだなと、一年を通して感じられた出来事だった。

—

　０歳児クラスから進級したＹくんは人見知りで、今までと違う生活の場や流れに戸惑い、泣いて抱っこを求める日が続きました。持ち上がりの担任は、Ｙくんの気持ちを全面的に受けとめ、とにかく抱っこしながら、いろいろと話しかけました。「ごはんが来たよ。エプロンつけようか」「○○君が積み木積んでるよ。高いね」「カラスさんが来たよ。カアカアおはよう」など、見えるもの聞こえるものを中継しながら。すると、同じ進級児さんたちがＹくんに話しかけるようなりました。頭をなでたり、背中をトントンして「Ｙくん起きてー」「Ｙくんあそぼー」と手を引っぱったり。棚の向こうからいないいないばあをしてもらった時、初めてＹくんに笑顔が見られました。そして少しずつ顔をあげ保育者から離れ、お友だちのそばに行ったり、自分で遊びを見つけられるようになったのです。こどもが安心して保育園生活を送れるようになるには保育者だけでなく一緒に生活するお友だちとの安心できる関係が大事で、

「一緒が楽しい」と思える経験の積み重ねが信頼関係をつくっていくのだと感じました。

—

　0歳児クラスのRちゃん。お部屋の中をずりばいで移動していた途中、ふっと動きをとめて天井をじっと見つめました。目線の先にはキラキラした飾りがぶら下がっています。「キラキラしてキレイだね」。そう声をかけると、顔がパッと輝きました。まだ言葉が話せない、指さしや身振りで思いを伝えることができないRちゃんから「私の気持ちが伝わった！」という喜びが伝わってきました。言葉で会話することができなくても、その子の感じていることを同じように感じとり保育者が言葉にすることで、気持ちを通じ合わせることができるのだと気づかされた経験です。

—

　私は看護師として保育園で働いています。転んだ時のすり傷、ぶつかった時の内出血など、応急手当てをする場面は日常的にあります。そのような、はっきりとわかりやすいケガだけでなく、こどもたちは指先のほんの小さなささくれやツメのめくれ、すでに治っている傷あとなどを指さして、「いたいいたい」「いたかったのー」と教えてくれます。働きはじめたころは、どう対応しようか迷ったこともありました。今では「痛い」という不安な気持ちを受けとめて、「心に絆創膏」を貼るような気持ちで話を聞いたり、実際に絆創膏を貼ったりします。そうするとこどもたちは納得し、満足した表情でお部屋に帰っていきます。こどもが保育園で安心して生活できる存在になれているのかなと思う瞬間です。

002　家族／人生まるごと受けとめる

　最初の保護者会の自己紹介の時に「こども自慢」を発表していただいています。ある保護者の方にお伝えしたところ、「悪いところはいくつでもあるのに、良いところはあるかしら？」と言いながら帰っていきました。後日家族で話し合ったそうです。当日「うちの子の自慢は目覚めの良いところです」と話していました。数か月して「こども自慢増えましたか？」とお聞きしたところ「今でも目覚めは良いです。そうですね、おしゃべりが上手になったことかな？」と。「子育て、楽しくなってきましたか？」とお聞きしたところ「まだまだ大変です」と返ってきました。子育て中はなかなか良いところが見えなくなってしまうのかもしれません。改めて園での様子やこどもの素敵な姿を伝えていく中で、少しでも立ち止まり、成長を喜べるきっかけになればと思いました。その子らしさを大切に保護者の方と共に育てていければと思います。

—

　毎朝、忙しい保護者の方々。時にはこどもを保育者に預け、確認事項をすませるとすぐに仕事に向かわなくてはならないこともあります。そんな時、私は必ず「お母さん」と優しく声をかけ「気をつけて、いってらっしゃい」と、こどもの顔を見せ、膝をちょっと折ってあいさつします。もう一度振り返って我が子を見た方は必ずにこっと笑顔を見せてくれます。そうした笑顔を見ると、その子の精神状態はとても安定すると感じます。私は保護者の方々を見送る時、"元気に帰ってきてくださいね"という気持ちを込めて、自分の家族を送り出す時と同じ気持ちで「いってらっしゃい」と声かけをしています。

003　その子の紋章

　一時保育室をたまに利用するこどもにとっても、玄関に自分の名前とマークがあるのがうれしいようで、1歳のこどもでも自分で靴を脱いで靴箱に靴をしまおうとしている。先日、昨年度一時保育で利用していたが認可保育園に転園したこどもが久しぶりに登園してきた。今までと変わらずいちごのマークに名前があることに保護者の方も「うれしいな」とおっしゃってくださり、こども

も数か月のブランクを感じさせないくらいスムーズにいちごの上に靴を置いているのを見て私もうれしくなった。保育園に入った瞬間から"自分の居場所がある"と迎え入れてくれるシンボルマークの存在は大きい。

004　足の裏から人生がはじまる

　2歳児クラスの秋、こどもたちは初めて坂のてっぺんの公園に散歩に出かけます。見上げると果てしないその坂の歩き方のコツは"足の裏を全部使うこと"ですが、こどもたちは初めての急坂に用心しながらも力強い足取りでのしのしと登っていきます。保育者は前で先導し、後ろから押し上げます。登るより難しいのが下るときです。足にグッと力を入れると同時にしっかりバランスをとり、転がらないように用心して歩きます。自然に囲まれた環境の中で、こどもたちは舗装されていない場所で遊んだり歩いたり、4歳児・5歳児は片道2キロの遠い公園まで歩いて遠足に出かけたりと、身体のバランスと体力と気力を自然と身につけています。「疲れたの？押してあげるよ」「転ばないように気をつけて！」人を気遣う優しい気持ちもまた、さまざまな場所で自然と生まれています。

005　1/365

　誕生日当日には、クラスでその子だけの誕生日会を行います。ハッピーバースデートゥーユーの歌をみんなに歌ってもらい、1つ大きくなった喜びを感じながら、その日はクラスの主役として過ごします。園長からもお祝いに胸につけるリボンやペンダントのプレゼントがあります。手づくりで同じ形を色や素材を変えていくつか用意し、好きなものを選べるのが楽しみ。「○○ちゃん何色選ぶ？」「私は赤が好き」と前もってアピールする子や、いつもは恥ずかしがりやの○○ちゃんがなんだか事務所の前をウロウロして、「あのね。あのね。明日、誕生日なの」と、「忘れないで」の気持ちを伝えます。一年に一回の特

別な日は、特別なことができて、特別が許されて、注目されて、胸の誕生日リボンを見たいろいろな人が「お誕生日おめでとう」を言ってくれて、生まれた日に、自分が誕生したことが笑顔につながることを全身で感じてもらいます。

——

　私たちの園では、誕生日の当日にこどもはリボンをつけるのですが、朝、担任と一緒に事務所に来て、「リボン下さい」とお願いしたり、「・・・・」ともじもじしている子もいます。0歳児はまだよくわからないなりに、リボンがならんだ箱をあけると目で追ったりしているので、リボンを2つ出して「どっち？」と聞くと自分から取ります。ある日、5歳児のAくんがお誕生日の日に事務所に来た時にこんな会話がありました。園長「おめでとうございます」、Aくん「ありがとう」、園長「お誕生日はね、あなたが生まれた日で、お母さんが一生懸命生んでくれた日でもあるのよ」、Aくん「へ〜、そうなんだ。そういえばもうすぐお母さんの誕生日だよ」、園長「同じ9月なんだね。お母さんにも生んでくれてありがとうの日だから、ありがとうだね」、Aくん「お母さんにもリボン、あげたいな」。そう言いながら、うれしそうに部屋に戻りました。お誕生日のリボンを特別な日のシンボルとして、大事そうにしているこどもの笑顔がうれしくなります。

006　凸凸凹凸

　おひるね用のコット（簡易ベッド）置き場は、保育室隅のスペースにあってカーテンで区切られていますが、遊びに飽きた1歳児クラスのこどもたちはそのスペースに逃げ込むのが大好きです。「そこはダメよ」と保育者が追いかけますが、追いかけられることがうれしくて、こどもたちは大喜びで繰り返してしまいます。「ダメという言葉をなるべく使いたくない」といろいろ相談した結果、ダンボール箱を利用して大きな隠れ家をつくりました。3人くらいは余裕で入れるようなスペースがあり、それをコット置き場の前に設置すると、こどもたちはもうカーテンの中には興味を持たず、大きな隠れ家に大喜びで入り込みました。ぎゅうぎゅうに5人くらいが入っていることがありますが、ケン

カにもならずみんな笑顔でした。新年度、今度は一人用の小さな隠れ家をつくりました。初めて家族と離れて入園した子が、一人でほっとできる空間になりました。

—

　狭い園舎内でなんとか小さなスペースをつくり、散歩の後や食事の後にちょっと一休みできるようにしてみました。最初はタイルカーペットを敷いて絵本棚を置いたところ、こどもたちはよく絵本を読むのですが、カーペットに直に座っているので姿勢が悪くなります。そこでソファを置いてみました。座って読むことができるようになりましたが、絵本に飽きるとソファからぴょんぴょん飛んでジャンプする子も現れました。そこでソファの前に小さなサイドテーブルを置きました。するとジャンプする子はいなくなり、ソファでゆったりくつろぐようになりました。サイドテーブルに小さな一輪挿しを飾ると、そのスペースがさらにほっこりと暖かくなりました。こどもの姿から教えられて、空間がどんどん進化したようでした。

言葉は渡すもの

Forward your words politely.

007-013

言葉は渡すもの

Forward your words politely.

手渡すように丁寧に

クラスの大勢のこどもたちに一度に声かけをする時も、
またその中の一人に声をかけようとする時も、ついつい
大きい声になりがちです。

大きな声で伝えられる言葉は、一人ひとりのこどもにとって自分に伝えられていると受けとれません。

≫ 伝えたいことが命令・指示のたぐいの時は、ついつい声が大きくなってしまいます。

≫ こどもと対等の関係で会話をする時は、自然と落ち着いた静かな言葉でやりとりができます。

≫ こどもが危険な時など、大きい声で指示を伝えなくてはならない場面もあります。

そこで

伝えたいことがある時は、普通の声の大きさで伝わるくらいの距離まで、こどものそばに行って話をします。

- 保育室内が目的や見通しを持った生活ができるような空間であれば、保育者はこどもの様子（状況）を見極めて声をかけることができます。

- こどもの生活と時間が、自然に流れるように生活リズムを組み立て、次にどうするか、何をするかについて、わざわざ大声を出して指示しなければならない状況をつくらないようにします。

- 普段こどもに話す時は、手渡すように一言一言を丁寧に伝えます。

- こどもの適性や発達を見極め、できること・できないことを把握したうえで、落ち着いてこどもと話をしましょう。

- 言葉を聞いてくれない時は、こどもとの意思疎通が図れていない時と考えて、保育者自身が何ができていないのかを見つめなおすとよいでしょう。

そうすると

大きい声が必要なくなり、対等な関係での対話が生まれます。ルールや指示が減って、こどもの自主性に任せられるようになり、大人も肩の力が抜けて穏やかな気持ちになります。自然と、緊張した雰囲気がなくなっていきます。

005 1/365／021 今のあなたがすばらしい／035 3つのいいところ

008

声かげん

The best timing is the primary factor of success.

かけすぎないちょうどいい塩梅

こどもは、成長の過程で初めてのことに挑戦したり、い
ろいろな問題や悩みごとを抱えることがあります。

保育者は良かれと思って、こどもの気持ちやしたいことを代弁したり、手を出してしまいます。

>> こどもは何か言おう、伝えようとする時に言葉が出るまで時間がかかったり、言葉にできてもうまく伝えられないことがあります。

>> こどもは自分のことも、また他のこどもとの間でも『折り合いをつける』ことが難しい時があります。

>> そのような時、保育者はこどもの発言や行動を待たずに、つい助けを出してしまいがちです。

こどもたちが自発的に活動できるように、こどもにとってのベストなタイミングを見計らって、声かけをしましょう。

• こども一人ひとりをよく観察して、それぞれのこどもの心の状態や気持ちを理解します。

• こどもがうまくできず、投げ出しそうになっている時に、"正解"ではなく"ヒント"を提案することで、解決した時に、まるで自らできた、気づいたと思えるようにしましょう。

• 何かに挑戦しようとしているこどもが、乗り越えるべきハードルを前にしている時に、すぐに声をかけたり手を出したりせずに、いったん待って見守りましょう。

• こどもが自分で達成した時には一緒に喜び、失敗した時には一緒に悔しがるなど、こどもの気持ちに共感していることを言葉にして伝えます。

• 声かけのタイミングは先回りするのではなく、見極めること。時機を得たアドバイスが一番効果的です。

保育者が声をかけてくれることで、こどもは自分のことを見てくれている、自分のことが認められていると安心し、自信や意欲を持って最後までがんばれるようになります。

022 折り合いをつける／032 夢中・熱中・集中／038 こども会議／039 なみだとけんかは園の華

009

どうしたの?

What's up?

一拍置いてみる

こどもが何かしている。本人はまだ事の善し悪しがわからないので、良くないことであっても何も言わないとそのまま続けてしまいます。

大人は常識の観点から見て良くないことと思うと、理由なく その行いをやめさせて、その場をおさめるために叱ってしまいます。

》集団の決まりごとや、ルールやマナーが身についていくのは5歳児ころ。

》こどもは、その時の気持ちや考えていることを伝える言葉を、まだ十分に持ち合わせていません。しかも、いきなり叱られると、言葉を失ってしまいます。

》こどもは優しく問いかけられたり、気持ちを尋ねられると、心が落ち着きます。

落ち着いてその子に問いかけ、ものごとの見方や判断の基準、 そこに至る道しるべを示しましょう。

• 何があって、今このようなことになっているのか、まずはその子の話を聞きます。

• その子が落ち着いて話せるまで待ち、何があったのか、その子の言葉を聞きましょう。

• 保育者が代弁しながら言葉を足して、その子の考えや気持ちを整理してあげましょう。

• こどもが言っていることをじっくりと聞いて、同じ目線に立って話をします。

• 「どうしたの？」を聞いた後に、保育者自身の視点で、「私はこう思うよ」を伝えましょう。

• 異年齢保育では、年上のこどもが「どうしたの？」を聞く役割を担うこともあります。

「どうして？」を考えるようになり、自分で考え、解決・解答を導くことができるようになります。正義や道徳心、公共心が芽生え、叱られないように行動するのではなく、やっていいけないことを判断して行動することができるようになります。

---

001 ひとっていいな／022 折り合いをつける／023 ピットイン／024 一人でも過ごせる／
039 なみだとけんかは園の華

010

生活習慣を仕掛ける

I can do it already.

気づいたらできていた

生活していくための基本的な行動は、日々の保育園での
生活を通して身につけていきます。

大人がやったほうが早いので、次にやることをついこどもに指示したり、大人の手で済ませてしまいます。

》こどもは自分でやってみたいと思う時もあるし、やりたくない時もあります。

》自分ひとりではできないと、大人の助けに頼ってしまいます。

》家では、忙しい親の都合に合わせてこどもが動かされてしまいがちです。

保育室は、こどもにとってわかりやすいレイアウトにして、こどもが見通しを持って動けるようにしましょう。

- 「どこに何がある」「ここでは何をする」が、こどもにとってわかりやすいように家具や備品を配置します。

- 部屋をきれいにしていると、すっきりとして気持ちがいいという感覚をこどもが感じられるようにしましょう。

- おひるねの前にはこどもと一緒に片付けを行い、玩具にも「おひるね」と、ひと休みさせます。

- 建築計画の段階から、こどもが動きやすい生活の動線を意識した設計を行います。

- 手洗いや、後片付けをする棚も、こどもの手の届く高さに配慮して、無理なく、指示を受けることなく行動できるようにします。

大人があれこれ指示することがなく、自然に行動に移したくなるようなきっかけや場面をつくることで、基本的な生活習慣のスキルが育ちます。

003 その子の紋章／006 凸凸凹凸／025 自分で決める／027 こどもからはじまる

011

変化は進化

Changing develops evolution.

環境づくりの力

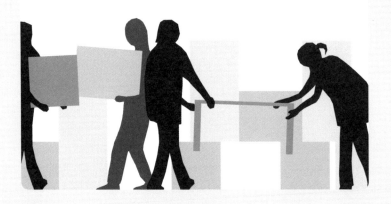

同じクラスのこどもたちには月齢・年齢の差があり、発達や興味においても差異があります。

こどもがすでに興味を失った玩具しかなかったり、発達に合わせた遊びのコーナーが用意されていないと、遊びを十分に楽しめません。

>> 年齢や発達段階によって適した環境や遊具・玩具は異なります。

>> 対象年齢が高すぎて合わない遊具や玩具は、どうやって遊んだらいいのかわからず、興味を失っていきます。

>> 一方で、その時その時で変わる興味・関心や発達に合わせて、環境や遊具・玩具を変えすぎてしまうとこどもが迷ってしまいます。

発達段階に合った遊具・玩具・絵本・遊びのコーナーを用意し、成長に合わせて定期的に振り返りを行いながら変えていきましょう。

• 日常的に、遊んでいるこどもの姿をよく観察して何が必要なのかを考えます。

• こどもがこれから遊びそうな遊具や玩具を、こどもの手や目が届くところにさりげなく置いて、遊びのコーナーを自然に変化させていきましょう。

• こどもたちの興味・関心はそれぞれ異なります。同じ目的の遊びでも遊具や玩具のバリエーションを用意して、みんなが遊びに夢中になれるようにしましょう。

• 遊具・玩具・絵本の保管管理を行い、今あるものの活用と更新、新規の購入などを計画的に行います。

• 例えば、こどもたちが積み木に夢中になっている時は、思う存分積み木を使って表現したり、組み立てたりできるスペースを用意するために、積み木コーナーの拡張を行います。

• じっくりと遊びに取り組めるように『遊びを混ぜない』ことも必要です。

こども自身の、もっと遊びたいという積極的な気持ちが育まれ、深く遊び込むことで、豊かな想像力や創造力、表現力、集中力が育ちます。発達に合わせて遊びが自然に高度に進化していきます。

006 凸凸凹凸／026 居場所を宣言する／033 アトリ園／037 テーブルの七変化

012

遊びを軸にする

Play, play, play.

とにかく遊ぶ

こどもたちは、保育園で朝から夜までの長い時間を過ご
す中で、遊ぶ・学ぶ・食べる・眠るなど、たくさんの活
動を行っています。

何事も、夢中になって満足いくまでできないと、気持ちが残って次の行動に移る気持ちになれません。

>> 充実した遊びができないと、おなかが空かないし、眠くもなりません。

>> 保育園の生活では、食事やおひるねなどの時間もあり、遊ぶ時間を十分確保できません。

>> 遊びの質が高いと夢中度が増し、夢中になるとますます遊びの質が高くなります。

一日の生活を遊びを中心に組み立てて、とことん満足いくまで遊べるようにしましょう。

• 遊びを中心とした日々の生活の流れをしっかりつくり、こどもたちが夢中になった遊びや、どんな風に遊んだかを保育者間で共有しましょう。

• 遊びが単発的に終わらないように、毎日の生活習慣の繰り返しの中で、遊びに集中できる時間を確保します。

• その子がやりたい遊びができる時間を確保し、『遊びを混ぜない』ことにも配慮して、遊びに集中できるような環境づくりを行いましょう。

• 朝・夕方に集まった時に、こどもたち自身で今日や明日の遊びを決めたり相談する場を持つことで、少し先の未来への期待感が高まります。

遊びを中心にすることで、満足いくまで遊べることが約束されたメリハリのある生活が保証され、「遊びたい」「やりたい」という意欲的な気持ちが生まれ、こどもは何事にも安心して取り組むことができるようになります。

029 遊びは日常のトレース／030 遊びを混ぜない／032 夢中・熱中・集中／038 こども会議

こどもとの知恵くらべ

Present danger turns into pleasure place.

好奇心に先回り

こどもの行動によって、安全な場所も危険な場所へと変化してしまいます。また、危ない場所もあるので、安全対策は欠かせません。

大人にとってはなんでもない場所も、自分で危険予測・回避ができない乳幼児には事故やケガにつながる場所になってしまいます。

》こどもの行動は予測が難しく、また突然の危険回避が難しいために、こどもにケガはつきもの。

》重大事故につながるケガは避けなくてはなりません。

》安全対策ばかりを重視すると、仰々しくて無機質な施設のようになってしまい、禁止事項をたくさんつくってしまいます。

こどもの行動を予測し、さりげない配慮で、こどもの動線に危険な環境をつくらないようにしましょう。

• 安全な保育室でも、家具や備品の配置によっては、こどもたちにとって思わぬ危険が潜む場所になってしまいます。どんなことが危険につながるか、そしてそれをどのような工夫で回避できるかを考えましょう。

• 例えば、低い棚の上にこどもが登らないように、電車のレールを棚の上に設置して、その棚の上を使ってこどもが電車で遊ぶようにします。

• 例えば、園庭のフェンスによじ登らないように、花を植えた鉢をバスケットなどを用いて引っかけると、花はきれいで大切なものだと思う気持ちが先に立ちます。

• 例えば、園庭の塀に黒板を設置し、すり傷防止の安全対策と、思いっきり絵を描く楽しい場所にすることを両立させます。すると塀がコミュニケーションの場に変わります。

あれこれ禁止することでこどもを束縛するのではなく、備品の活用やレイアウトの工夫によって自然と危険を回避するようになる安全対策を行うことで、こどもたちの主体性や自由を尊重することができます。

006 凸凸凹凸／014 本物に触れる／019 おでかけ園庭／029 遊びは日常のトレース

エピソード

007 言葉は渡すもの

　以前働いていた保育園では、クラスで同じ行動ができるように、大きな声でこどもたちを呼び集め、いつも全体に向かって話をしていました。縁あって昨年入社し、1歳児クラスにサポートで入った時に驚きました。トイレへの誘いや散歩の準備、絵本に至るまで、その子との一対一のかかわりの中でその子に向けてその子に聞こえる声で職員が声をかけていました。こどもたちは、信頼しているその職員との言葉や空間の中で、納得して自分から次の行動へ移ったり、物語の世界を楽しんでいるようでした。そして、友だちにも同じように大切に語りかけているように見えました。言葉とは号令ではない。届け渡していくものだと知ることができました。

008 声かげん

　自己主張の強い子が多い元気な2歳児クラスの担任をしていたある日、突然声が出なくなりました。体は元気なので保育を続けている状況の中、おもちゃの奪い合いがいつものように激しくはじまりました。声の出ない私がそっとそばへ行き、二人の肩をトントンとたたいて口をパクパクかすれた声で二人の名前を呼びかけると、激しい言い争いをしていた二人がきょとん、じーっと私の顔を見て「声が出ないの？」と。「えーっそうなんだ。かわいそう」と二人に気の毒がられ争いも終わり……その後も「ねぇ～え！」と大きな声で叫びだす子も、はっと私の顔を見て「ねぇー」と小さく言い直す。私に声をかけてくる時もみんな小声……。どうやら私を気の毒に思い、いたわってくれている様子（何てかわいい愛!!）。それから2日くらいは静かな2歳児クラスとなりました。徐々に日常には戻りましたが、私たちもトラブルがあるとつい大きな声で静止していたのかもと気づき、「どうしたの？」とさりげなくそばに行くようにしてみると、以前より声が全体的に小さく落ち着いていきました。

009　どうしたの？

　4歳児で担当したSくん。自分の思いが強く、友だちにもそれを主張するのでトラブルになることが多くありました。保育者も声をかけることが多くありましたが、納得いかないと物を投げたり、知らん顔をしたりするので、うまく解決できませんでした。このままでは良くないと巡回指導の先生にアドバイスをいただきながら、かかわり方を見直すことにしました。どんな状況であっても、声をかける時は「どうしたの？」とSくんの話を聞き、気持ちを受けとめた後で言いたいことを伝えるようにしました。最初はうまくいきませんでしたが、繰り返していくことで、Sくんが少しずつ冷静に保育者の話を聞いたり、どうすればよかったか、自分で考えたりするようになってきました。友だちとのかかわりも少しずつ変わっていき、保育者が介入しなくても相手の話を聞こうとする姿も見られるようになりました。保育者が「どうしたの？」とかける言葉を変えただけで、こどもの姿がこんなにも変わることに驚きました。

010　生活習慣を仕掛ける

　2歳児クラスでは、ままごとコーナーの鍋やコップなどを片付ける場所がわからず、しまう場所がバラバラだったり片付けようとしない子もいた。そこで、しまう場所がわかるようにそれぞれの棚に色の違う布を敷き、保育者も「緑はお鍋だね」と声をかけながら一緒に片付けていった。繰り返し伝えていくと、少しずつこどもたちから色を意識して片付けられるようになり、また目で見て片付ける場所がわかるので、意欲的にやってくれるようになってきた。片付けるのに時間がかかり大人がやってしまいがちだったが、自分でできるように、こどもにとってわかりやすいように環境を配慮することが大切だと感じた。

011　変化は進化

　春、幼児クラス（3〜5歳児）では5歳児が卒園し、ままごとコーナーでは進級してきたばかりの3歳児が玩具を床に広げているだけ、積み木コーナーでは、ちょっと積んでは3歳児に壊されて「あーあ」で終わるという状態で、すっかり遊びが停滞していた。そこで保育者は、なぜ？と考えた。ままごとコーナーの台所のレイアウトが今の実情とは違う。さっそく、棚のカウンターをつくりレンジを棚の中に、リビングにつなげて対面式に。また、こどもが帰った後で、保育者同士で夢中で積み木で遊んでみた。駅に公園、線路とつくっていく。満足した大人たちは、こどもの反応を楽しみにしていた。次の日、こどもは積み木コーナーを見るが素通り、話題にもならず、こちらのほうからふってみた。「壊すと悪いから」。完成したものは遊びではないことに気づいた私たち保育者。触って壊して工夫して、続きをつくろうと誘ってみた。これがきっかけで5歳児がままごとコーナーに戻り、レストランにまで発展。積み木は公園や映画館、テーマパークへ変わっていった。こどもたちは壊されると悔しい気持ちになるようになった。現在、積み木は絶好調、ままごとはまた停滞気味で、そろそろ仕掛けたほうがいいかもしれない。遊びたい気持ちを引き出すために……。変化は進化！　こどもも、そして保育者も。

012　遊びを軸にする

　夏の時期に、5歳児の成長を後押しするために、5歳児のみの夏の活動をしています。今年は絵本の冒険を体験してもらおうと、事前に絵本を読んだり、地図を描いたりして楽しみにしていました。いよいよ当日、海賊キャプテンから手紙と地図が送られてきた時には、こどもから歓声と悲鳴の両方があがりました。さあ冒険のはじまりです。こどもたちのわくわくが伝わってきます。宝物を見つけようと本気で挑戦します。いつものお部屋が宝島に。かにビーチでのクイズやボスゴリラの森、洞窟の迷路など、それぞれのコーナーで主役が違います。普段リーダーシップをとっているこどもが「僕は後でいいよ」と尻込みしたり、遠慮がちなこどもが「大丈夫、もうできたよ」と励ましたりと意外な一面も。砂場の砂漠を掘って終わりと思っていたのに"ざんねん"と書かれ

たカードが出てきて、「だまされたあー」と悔しがる姿があり、最後までがんばって宝物を探し当てた時の喜びの表情は、自信に満ちていました。こどもたちは、この日の経験を武勇伝として、保護者や年下のお友だちにしばら〜く語っていたのでした。

013　こどもとの知恵くらべ

　０歳児クラスの部屋は縦に広く、棚の数にも限りがあったため、レイアウトに工夫が必要だった。また、今年度は高月齢児が多く、室内を走り回ることがよくあった。そこで落ち着いて遊べるように発達に合った物をそれぞれのコーナーに配置することにした。オムツ替えコーナーに一人で入っていかないよう、手前に壁玩具を設置したり、鍵やスイッチ、扉を取り付け、本物に触れられるようにすると、こどもたちも集中して遊ぶようになった。扉を開けると写真が見えるようにし、こどもたちが繰り返し遊び、楽しめるよう、毎月写真を入れ替えたりもした。そうすると走り回っていたこどもたちも、座って玩具に触れたり指先遊びをするようになっていった。

本物に触れる

Delicate, fragile and powerful thing

014-020

本物に触れる

Delicate, fragile and powerful thing.

繊細で壊れやすく、かつ力強いもの

身近なもの／ことから手の届かない稀有なものまで、本物
に触れる機会がないと、その良さや本質がわかりません。

集団生活の効率性や、壊れた時の交換のしやすさを考慮して、ついつい大量生産品を使ってしまいます。

》 本物が出来上がるまでには、多くの時間や人の手がかかっています。それを見たり、触れたりするのにも同様に、手間と時間と、それなりの費用がかかります。

》 本物は繊細で壊れやすいという意識から、壊してしまわないかと心配になって、こどもの身近に置いてもらえません。

》 音楽や美術は、教える"科目"として捉えられがちですが、十分に触れる機会があって、本物に値する表現ができるようになります。

生活の中に本物を置く、本物を使う、本物から習える機会を持つと同時に、それらの価値と大切さを伝えます。

• 季節の花や生き物は、身近にある生きた本物です。枯れたり、死んだりしないように、水遣りや水の交換をすることで、繊細な心遣いを知る機会をつくります。

• 丁寧に扱わないと壊れてしまう陶器の食器を使うことで、食の大切さや、食事をつくる人の手間や気遣いがより一層伝わってきます。

• プロの演奏者が奏でる音楽は心に響いて、自然とその旋律を自分で奏でたくなります。

• 周りの大人だって本物です。警察官や消防士に保育園を訪れてもらい、プロの仕事の深さを知る機会をつくります。散歩の時にのぞくお店にもその道のプロがいます。

• 建物の内装や家具にはできる限り木材を用いて、自然の材料に触れられるようにしたいです。

幼児のころから本物に繰り返し触れて、その稀有な価値を知ることで、本物を形づくる深い背景を知ることができます。こどもが本物から感じること、心に響くことはそれぞれで違うけれど、本物に触れることを通して豊かな感性を磨いていきます。

013 こどもとの知恵くらべ／029 遊びは日常のトレース／031 活動/発見の連鎖／034 先輩へのあこがれ

015

本物に触れる

語りかける飾り

Active decoration.

額縁の向こう側にあるもの

保育園は殺風景にならないように、さまざまな飾りがされています。

保育園での装飾は、
良かれと思う大人の自己満足になりがちです。

≫ 家と保育園の往復の道々で、四季の移ろいを感じることがありますが、人の手に
よる装飾は、変えていかないとそのまま時間が止まったものになってしまいます。

≫ 華美な装飾は見ていて疲れてしまいます。でも、何もない真白な壁も落ち着かな
いものです。

≫ 装飾には飾り手の意図・メッセージが表れ、部屋の雰囲気を支配します。

飾りに自然の要素や文化を反映させ、
「ちょっとした変化」をつくりましょう。

• 春には桜、秋には紅葉など、装飾や花／植物から季節の移り変わりを感じること
ができます。また、植物だけでなく、梅雨にはカエルなど、虫も観察の対象であ
るとともに飾りのモチーフにすることもできます。

• 四季だけでなく、世界や日本の文化、地域の伝統や行事の要素なども装飾に取り
入れて、拡がりを持たせましょう。

• 展示してあるところに説明を少し加えたり、関連する図鑑や絵本を置くことで、
さらにこどもの興味を拡げることができます。

• 雛人形や中秋の名月などの飾りつけや、飾ってある花から季節を感じたり、いわれ
について大人がこどもに話をすることで、こどもの感性はさらに拡がっていきます。

• 棚や窓枠などに絵本を開いて飾り、保育者が毎日１ページずつめくっていきます。
保護者も目にすることで、「絵本の続きはどうなったの？」と親子の会話につな
がります。

自然の変化を感じ、文化を知ることができ、会話のきっかけが生まれます。装飾に
よって空間に彩りが添えられることで、長い時間を過ごす保育園が居心地のよい空
間になり、美しいものを美しいと思う豊かな感性が育っていきます。

028 小さなきっかけから／033 アトリ園

016

本物に触れる

メイドイン園

Made in our nursery school.

オーダーメイド玩具

保育園にはこどもたちが遊ぶさまざまな玩具が用意され
ています。

こどもたちの興味や関心を、購入した玩具ですべて満たそうとすると、
費用がかさむと同時に、こどものさまざまな変化や要望に応えられません。

>> 日々、こどもと向き合っていると、なかなか時間の余裕が持てず、手づくりの玩
具をつくる時間を生み出せません。

>> 縫ったり、つくったりする技術があっても、どうやって目の前のこどもたちに合
う玩具をつくればよいのか、具体的なアイディアが少なかったりします。

>> 既製品の玩具には、使い方が限定されてこどもの想像力が拡がりにくいものもあ
ります。

そこで

こどもたちの興味、関心や発達段階に合わせて、
手づくりの玩具を用意しましょう。

• こどもの発達段階、想像力や理解力は一人ひとり違うので、できる限りそれぞれ
に対応した玩具をつくることにトライしましょう。

• 既製品の玩具のように完成度が高いものを用意するのではなく、使い方や発想の
幅が拡がるような、自由な発想が生まれやすい形の玩具をつくりましょう。

• 思いついた時にすぐにつくれるように、いろいろな材料や道具をストックして置
いておきます。

• 材料はもとより加工する道具も含めて、安全に取り組めるように十分な注意を払
います。

そうすると

こどもの興味、関心や、発達度合いに細かくフィットした手づくりの玩具を使うこ
とで、こどもの想像力が拡がり、遊びが深まります。遊びながら玩具自体をいろい
ろなものに見立ててみたり、自由な発想が拡がります。

003 その子の紋章／029 遊びは日常のトレース／033 アトリ園

017

薄味は一生の宝物

Light tasting is priceless in the life.

食材のうまみを味わう力を引き出す

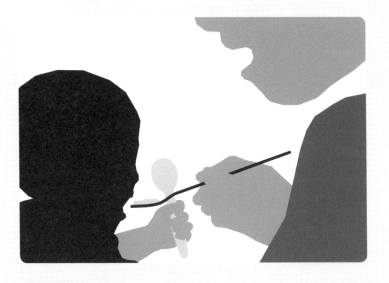

乳児の授乳から食事の時間がはじまります。

好き嫌いや、食べる量、意欲、ペースの違いなど、こどもは食事について個人差があり、食べるうえでのスキルが異なります。

》》0歳児・1歳児の食事では保育者の介助が中心となるための作業になりがちで、また、見守れる人数、接することができる時間が限られています。

》》全員一斉に食事をしたほうが大人は手間がかかりません。

》》乳幼児期は味覚を覚えはじめる時期で、繊細な味を学べるチャンスです。

そこで

0歳の授乳のころから食事の大切さを認識して、
薄味、一対一のかかわりからはじめましょう。

• 出汁は毎日こんぶや鰹節などの天然素材からとり、旬を意識した和食中心の薄味のメニューを提供します。

• 授乳は、保育者どうしの連携で、一人ひとりのこどもの個別の生活リズムに合わせて、時間や回数を考えた綿密なスケジュールを立てましょう。

• 授乳の時は、保育者が抱っこして、こどもと目と目を合わせ、語りかけながら授乳を行います。

• 離乳食の時期は、保育者がこどものななめ前に座り、介助します。こどもが自分で食べたいと思った時に使えるこども用のスプーンも用意します。

• まだ1人で椅子に座れないこどもは、保育者が抱っこして食事をします。

そうすると

乳幼児のころに出汁のうまみを生かした薄味を経験することで味覚を形成していきます。味覚から感性が育ち、食べる楽しさ、食べることへの意欲が生まれ、『食べるは楽しい』につながります。

001 ひとっていいな／004 足の裏から人生がはじまる

食べるは楽しい

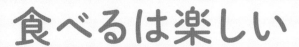

すくすく育つための栄養素

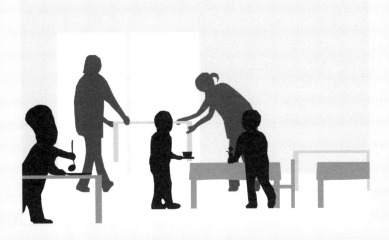

保育園で過ごす日々の生活の中で、こどもたちは必ず昼
食をいただきます。食事の時間は特別な時間です。

食べることを強制されたり急がされたりすると、食べることが楽しいことではなくなります。

>> 好き嫌いには個人差があり、嫌いな食べ物があっても、メニューは自由に選べません。

>> テーブルは食事以外にも利用するため、食卓の雰囲気が感じられません。

>> 昨今、自分が食べている料理の食材を知る機会が減っています。

食材への理解、食べる場の雰囲気づくり、配膳など、食べることを一連の楽しい活動にしましょう。

• 園庭などで栽培／収穫した野菜を食材の一部に使いましょう。

• その時は、食材を下処理するところから手伝ってもらい、調理の楽しみを知る機会をつくりましょう。例えば、えんどう豆の皮むきから、豆ご飯をつくるまでなど。

• こどもたちもエプロンや三角巾をつけて食事の準備を行います。

• いつも使うテーブルにテーブルクロスをかけて、一輪挿しを置き、食卓の雰囲気を演出しましょう。配膳にはバイキング形式で自ら取りに行って、量などのオーダーをすることも一つの方法です。

• 給食スタッフによる、食材にまつわるクイズや、栄養に関するボードなどを設置することで、楽しみながら知識を身につける機会を用意します。

• 建築計画では、ガラス窓を通して調理の様子が見える厨房にして、食への関心が育めるようにしましょう。厨房から流れる料理の匂いは食欲を刺激します。

食べることで心身の健全な発達が育まれます。食べることを楽しみながら、食事に対する関心が深まることで、感性が拡がり、人生の豊かさにつながっていきます。

本物に触れる

おでかけ園庭

Everywhere is our garden.

まち全体で遊ぼう

こどもたちは外に出て体を動かしたいと思っていても、
十分な園庭や環境が備わっていないことがあります。

日常的に身体を動かして遊べる場所は、
園庭だけだと思いがちです。

>> 保育園の外は予測不可能で、危険なことがいっぱいで怖いと思われています。

>> 都会では保育園の敷地面積が限られて、十分な園庭を確保できない場合があります。

>> まち中では、こどもが走りたくても走り回れる場所が少なく、使い方のルールに
縛られていることが多くあります。

そこで

目的や興味を持って、
まちの公園や広場へ散歩に出かけましょう。

- 公園マップや安全マップを作成して、発達や年齢に応じて、どのような遊びができ
きる公園なのかを"見える化"します。

- こどもたちにわかりやすいように、遊びや特徴にちなんだ愛称を公園につけま
しょう。

- 目的地までの道のりにある、お店や施設、近所の人の顔を把握しましょう。また、
危険な個所がないかなどを確認して、安全で有意義な散歩ができるようにしま
しょう。

- 外出シミュレーションを行い散歩のルールを決めるなど、安全管理を怠らないよ
うにします。

- 保育園でも「いってらっしゃい」「おかえりなさい」など、自然な声かけを行い
ましょう。

そうすると

園庭以外に出かけて遊ぶことで、目的が生まれ、遊ぶ意欲が高まります。また、長
い距離を歩いたり、坂道や階段のアップダウンも経験するため、運動能力が向上す
ることに一役買います。

004 足の裏から人生がはじまる／013 こどもとの知恵くらべ

生き物は
保育者一人分

The third childcare professional.

命へのかかわりから育つ学び

こどもたちは、動いて成長する生き物に興味津々で、捕まえて園の中で育てたいと希望します。どこの保育園でも、必ずと言っていいほど、何かの生き物を飼っています。

生き物の世話をするのが保育者だけである限り、水槽や虫カゴは こどもにとって風景や飾りの一部に過ぎません。

>> 何のアドバイスもなく、こどもだけで生き物の世話をしていると、死なせてしまうことが多くあります。

>> こどもだけに世話を任せていると、水槽や虫カゴを乱雑に扱ったり、衛生上の注意点を見過ごしてしまうことがあります。

>> 保育園の中では、こどもの目線の高さに生き物を置ける場所はあまりありません。

ただ生き物を飼うのでなく、こどもたちが主体的にかかわりながら 飼育することで、生命や環境のことを学べるように工夫しましょう。

• 毎日、生き物の様子が見られるような場所に生き物コーナーを設けて、こどもが中をのぞける高さに水槽や虫カゴを置きます。

• 水槽や虫カゴが転倒しないように安全に配慮しましょう。

• 乳児の部屋には、こどもが目で追えるよう、動きがゆっくりな生き物を飼います。例えば、赤くて少し大きい金魚など。

• 生き物への興味、関心が知識に変わるように、生き物コーナーには関連のある図鑑を置いて、こどもがすぐに見ることができる環境をつくりましょう。

• 餌やりのルールをわかりやすくして、こどもたち自身で世話当番を決めるようにします。興味のあるこどもに係や当番を任せることで、その子にしかない"らしさ"を育てることにつながります。

飼育する中で、生き物の気持ちになって考えたり、生き物に気持ちを投影することで、想像力や思索を深め、自然と命の尊さを感じるようになります。生き物の本を一緒に読むことで『活動／発見の連鎖』につながっていきます。

---

031 活動/発見の連鎖／036 特命担当

エピソード

014　本物に触れる

　美術館を訪れての絵画鑑賞を保育の中に組み込みました。事前に学芸員の方と打ち合わせを行い、定期的に美術館を訪問します。美術館では、こども４〜５人に学芸員の方１人のグループをつくり、絵画を鑑賞します。数点見て回るのですが、鑑賞する作品の前にこどもたちを誘導し「この絵どうかな？」「いろいろな場所から観てもいいよ」と学芸員の方は話し、こどもたちには多くを語りません。こどもたちは絵の細やかな部分に目をやり、「あっ、旗がある」「この人、うれしそうだね」など思い思いに感じたことを言葉にし、絵に見入っています。ロダンの彫刻"考える人"を鑑賞した時、しばらくこの像に見入っていたＡちゃんが「ねえ、この人何か考えているみたい。何考えているのかな」とつぶやきました。その後、保育園では何か考えることが起こると「こうやって（考える人の像のポーズをつくる）考えるといいことが思いつくんだよ」とポーズをとって考えていました。

—

　保育園では、こどもたちが登園してくる活気ある朝と、お迎え時のまったりとした時間が、日々繰り返されています。それはこどもたちだけでなく、保護者の方にとっても同じです。疲れて帰ってきた時に、季節を感じる装飾があるというのは、「ホッとする」気持ちになれると思います。こどもたちが育てた野菜や稲、掘ってきたイモなどをさりげなく玄関ホールに飾ったり、こどもたちが調べたことやつくった作品も展示します。「お帰りなさい」と声をかけると、その装飾に気づいた保護者から「もう秋ですね」という言葉が自然にこぼれる。またお迎えを待つこどもたちも出会えたお母さんに、自分たちの作品や育てた野菜を紹介しながらうれしそうに説明する。そこにまた友だちが加わったり、他の保護者の方から「おいしそうだね。よく育ったね」などの言葉をもらう。いつのまにか人がその季節の飾りでつながっていく。物にはそんな語りかける力があるのです。

—

5歳児を対象とした"命のクッキング"を3月に行った。給食スタッフにも協力してもらい、魚を解体する様子を見て、自分たちは命をもらって生きていることや命の大切さを知り、生まれてきたことに喜びを感じ、愛されている自分を知る機会としている。終了してすぐに5歳児だけで会議を行った。それぞれの感じたこと、思いを言ってもらい、こどもの言葉をそのままボードに記入。話し合いが進んでいく中で「生きているから痛いんだね。だからお友だちをたたいたらだめだね」と相手を思いやる言葉も聞かれはじめ、自分をいつくしみ大切に育ててくれている人や、食事をつくってくれる人への感謝の言葉へと変わっていった。最後は「あーママに会いたくなっちゃった」と、お母さんを思い出した素直なつぶやきも聞かれた会議であった。この会議では、解体が「気持ちが悪い」という思いだけで終わるのでなく、そこから感じたさまざまな思いを友だちと共有したり考えたりすることで、自分の意見や思いが認められたという満足感や、自分とは違う思いがあることを知ったり、自分が大事にされていることに気がついたりする機会でもあり、人との関係性を築いていく基礎にもなると感じた。"命のクッキング"を含めた会議の様子は、その日に写真と共に掲示して保護者の方にも発信した。こどもたちと保護者の話も弾み、親子で共通の話題で語り合う良いきっかけにもなったように思う。

015　語りかける飾り

　1歳児クラスを担当していた時のこと。季節の花や、その時期に見られる虫、行事などを意識して、季節の移ろいを、室内にいても感じられるようにしました。例えば、4月なら桜やちょうちょ、6月ならアジサイやカエル、梅雨が明けたらアサガオ、というように、生活をしている中で、外で見られた景色を取り入れたことで、飾りが変わるとすぐに気づくようになったり、室内にある飾りと同じものを園庭で見つけて「あ、○○だ！」と声を上げる姿が見られるよ

うになりました。それだけではなく、日々、移ろいでいく環境にいることで、一人ひとりの感性が豊かになっていることにも気づきました。小さな変化にもすぐに気づくようになったり、それらに触れた時に、「きれいだね、サラサラするね、小さいね……」と言葉を添えていたことで、一人ひとりが何かを見つけ、触れた時に「○○だね、かわいい！」「大きくて冷たい」など、表現が増えていくのも早く、室内のしつらえが言葉や感性を育むことにもつながっていくのだと思いました。

016　メイドイン園

　2歳児クラスのこどもたちは、おやつを食べたあとに、4人くらいずつでカブトムシの幼虫を見に来たり、絵本の部屋へ行ったり、少人数グループで園内をお散歩するのが好きでした。遠出や電車が好きなこどもたちが多いことから、担任が改札を通る時のようなカードをつくって、「行く先々でピッピッと当てられる絵をつけるとさらに楽しくなるね」と、大好きな絵本の主人公たちの絵が、部屋からはじまり壁や玄関や「おや？こんなところにも」という隠れたところなどに貼られるようになりました。こどもたちは部屋から出る時はこのカードを首から下げ、自分で「ピーッピッ」と音を出してタッチして歩いて回っています。園内がただの保育園ではなく、おもしろい旅先のイメージに変わって遊んでいる毎日です。

――

　Aちゃんのお誕生日会をしていた時のこと。こどもたちがケーキを囲んで輪になる中、Bちゃんは輪に加わらず、フラッと部屋の中を移動していった。どうしたのかなと思いながら、その日の保育の様子を掲示するため、日中に撮った写真をプリントしたところ、保育者がフェルトで作ったおもちゃのスマートフォンを手にするBちゃんの写真があった。よくよく見ると、スマートフォンでバースデーパーティーをするみんなの写真を撮影する"つもり遊び"をしていたのだった。

017　薄味は一生の宝物

　ベネッセに入社した際、最初の研修で「薄味＝まずい、は違います」という話がありました。私自身、初めは上手に出汁を取ることができませんでしたが、先輩方からコツをうかがい、自宅でも練習することで、ベネッセが目指す"出汁のうまみを生かした薄味の調理"に近づくことができました。その結果、おやつで具だくさんのうどんを出した時のこと、幼児クラスのこどもたちが、つゆのおかわりのために列をつくっていたのです。この時、改めて出汁の大切さを実感しました（いつもなら残してしまう野菜も完食していました）。保育園での調理経験がなかった私は、入社した当初"薄味＝まずい、ではない"という言葉に違和感を感じていました。しかし、ベネッセの給食を通して"薄味＝素材の味を楽しみ、食を楽しむこと"へつながるのだと感じました。

―

　以前保育園で行った、0歳児クラスの離乳食試食会では、献立と一緒に野菜を煮たときに出た野菜スープを試食していただきました。すると保護者の方が、本当に野菜以外の味つけがされていないのかと驚かれていました。小さいうちから出汁やスープのうまみに気づき、薄味でおいしいと思える正しい味覚を形成することも、私たちの仕事の一つなのだと改めて感じました。その子の将来につなげられる健康な暮らしにかかわれればと思います。

018　食べるは楽しい

　先日、2歳児のお部屋でジャガイモ洗いとタマネギの皮むき、ピーマンの種取りを行いました。お部屋に野菜を持って入るとみんな興味津々。しかし、タマネギのにおいをかぐと、辛いにおいがしたせいか「くさい！」とにおいに敏感な子が言いはじめました。ピーマンも食べるのが苦手な子が多いせいで、人気はジャガイモ洗いに集中。大きい桶にゴロゴロ入ったジャガイモをみんなでゴシゴシ。あっという間にきれいになりました。すると、それだけでは物足りない子が少しずつタマネギ、ピーマンも手に取り、最後はくさいと言っていた子も一生懸命タマネギと戦っていました。このように、少しずつ野菜に対する

苦手意識がなくなればいいなと感じた出来事でした。

—

　好き嫌いが出てくるこの時期、少しでもこどもたちが興味・関心を持てるよう食育活動として"野菜を育て収穫し食す"という計画を立てました。選んだ野菜は、インゲンとオクラ。普段から給食によく出てくる、こどもたちが苦手な食材です。保育者と一緒に苗を植え、どんどん生長する様子を2歳児なりにいろいろ感じながら毎日水をあげていました。そして食べごろになったオクラを収穫し給食室へ届けます。茹でた野菜をこどもたちの目の前で味つけして食べてみると、Aくんもお友だちが「おいしい」と言って食べている雰囲気につられ思わずパクリ！　「おいしい！」と言った瞬間、スタッフも皆感動！　お迎え時に保護者の方にも報告すると、さっそく帰りにオクラを1ネット買って、保育園と同じように調理して夕食時に出してみたそうです。すると、あっという間に食べ終え、もっと食べたいと要求。食べられるようになったことにお母さんもうれしかったのか、また買いに行ったとのことでした。一連の楽しい食育活動から食への関心が生まれ、保護者も巻き込んでできたことはよかったです。

019　おでかけ園庭

　春には、こどもたちがつくった望遠鏡を首に下げ、小さな春をさがしに出かけます。いつも散歩で通る道も、この一つを持つことでこどもたちは目を輝かせて「発見！アリいたよ」「この小さな花、何かな」と探索しています。保育園に帰ってからは、わからなかったものを図鑑などで「これに似てる」「こっちじゃない」と調べる姿が見られました。また散歩で遊んだタンポポの腕時計やカラスノエンドウの苗などを棚に飾ったり、こどもたちが集めた花ビラは、容器に水を入れて浮かばせ、いつもと違ったクロスの上に飾って特別感を味わっています。こどもたちは、道端に咲く草花を大事ににぎりしめて持ってきてくれるようにもなりました。ある日、公園で拾った石を「この石ヒヨコみたいだから」と大事に持ち帰ってきたので私がマーカーで色をつけることを提案すると、大事そうに石に色を塗っていました。それを葉に見たてた紙の上

に飾ると、いつの間にかブロックで作られたニンジンがそばに置かれていました。自然を使った物で季節を感じてもらったり、昔からの日本の伝統行事なども、大切に伝えていきたいと思います。

020　生き物は保育者一人分

　保育園で最年少、０歳児クラスのＨくん。担任との愛着関係が築かれ、他の職員に人見知りをするようになりました。お手伝いでクラスに入るともれなく人見知りをして泣かれ……でも担任は手が空かず、他児は寝ている状態。クラスにいては起こしてしまうので、部屋から出て気分転換を試みてみました。廊下に出ても泣き止まないＨくんの目に飛び込んできたのは、亀のチョコちゃん。今まで泣いていたのがウソのように、チョコちゃんが手足を動かし泳ぐ姿に釘付け。私に抱かれていることも忘れてしまっている様子でした。チョコちゃん先生に癒されながら眠さも訪れ、コテっと眠り込んでしまいました。きっと夢の中でもチョコちゃんと遊んでいたことでしょうね。亀のチョコちゃんは、こどもたちにとって先生であり友だちであります。こどもたちは毎朝夕にエサをあげ、動いていないと心配し、元気に動き回ればみんなも笑顔。みんなを癒してくれる存在で、大切な保育園の一員です。

今のあなたがすばらしい

You are shining now.

021-026

021

今のあなたがすばらしい

You are shining now.

よっしゃ！の瞬間

こどもが取り組んでいたことをやり終えました。こどもそれぞれで、やり終えるまでのプロセスは違い、やり終えた成果もまた違います。

完成物や結果に対して、上手にやり遂げられたかどうかを、大人の価値観で判断して大切にしてしまいます。

>> 絵画や工作などの表現活動について、お手本どおりに上手にできることをもって、よしとしがちです。

>> 保護者はこどもが上手に作品を創れることを喜びます。

>> 大人が比較する姿を見て、苦手意識を感じてしまうこどももいます。

そこで

成長の各段階においてその子ができること／できないことを知り、今その子ができたことを認めます。

* こどもどうしを比較して優劣をつけるのではなくて、こどもそれぞれのいいところを認めて、その子が今できること、やり遂げたことをほめてあげましょう。

* こどもがやり遂げた結果だけを見るのではなく、結果に至るまでのプロセスを見て、途中で工夫したこと、くじけそうになったけれど立ち直ったことなどを認めてあげましょう。

* 例えば、かけっこで最後にゴールしたこどもでも、最後まであきらめずに走り切ったのはすばらしいことです。

* 一つのことをやり遂げることで、その子がしっかりと伸びた（成長した）ことを認めて、こどもと共に喜び合いましょう。

* 保育者は長期的な目を持って、こどもの成長した姿、がんばった姿を認める、ほめてあげることが大切です。

そうすると

こどもは自分が肯定されていることを感じ、委縮することなく勇気を持って新しいことにどんどんチャレンジできるようになります。

---

002 家族/人生まるごと受けとめる／007 言葉は渡すもの／034 先輩へのあこがれ

022

今のあなたがすばらしい

折り合いをつける

Balancing what you feel.

気持ちのバランスを図る

幼児期の3〜5歳児のクラスに入る年齢になると、自分と友だちの間で、遊びを含めた活動について、互いに意見が合わないことが起きてきます。

その状況において

最初は自分で気持ちを整理することが難しく、大人の援助を必要とするけれど、ずっとそのままでは、他人まかせになってしまいます。

- 保育者はこどものすることに何でも介入しがちで、こどもの成長の機会をつぶしてしまう場合もあります。
- こどもは他のこどもの考えや気持ちに触れたり、ぶつかったりすることで、刺激や力を得て、成長します。
- こどもが自分の心の中で納得して気持ちをまとめられないと、真の解決にはなりません。

そこで

こどもがひとつ前にしたことを引きずっている様子だったり、友だちとの関係でつまずいている様子の時に、落ち着いて考えるゆとりや場所を用意しましょう。

- こどもの気持ちがクールダウンできる時間や場所を用意します。例えば絵本コーナーや事務所などに、こどもが避難できるような居場所をつくりましょう。
- その時、保育者は寄りそいつつも、こどもが自分で解決できるようにじっくり待つことが大切です。
- こどもが泣いている時には、じっと泣き止むのを待ち、その子が自分一人で立ち直ったことを、しっかりとほめることを忘れないようにします。
- こどもたちどうしの関係性からトラブルが起きた時には、思い切ってこどもたちどうしに解決を委ねてみます。
- その時に、年上の子がそっと年下の子の涙を拭いてあげたり、気持ちを言葉に表したりしているのを見守ることも大事です。

そうすると

自分で気持ちを整理して、冷静に物事を考えられるように育っていきます。また、「自分で解決した！」という成功体験が、気持ちの強さやしなやかさをもたらし、他の人の気持ちに寄りそうことができるようになり、こどもたちはコミュニケーションする力を育んでいきます。

---

008 声かげん／009 どうしたの?／035 3つのいいところ／039 なみだとけんかは園の華

023

今のあなたがすばらしい

ピットイン

Pit in.

心の整備場

朝から夕方までと長い保育園での一日。こどもにだって、
気持ちを落ち着かせたり、一人になったりして気分転換
したい時間があります。

こどもは一人になって過ごしたいという気持ちを持っても、そう思った時に言葉にできないことがあります。

》保育園は集団生活の場であり、そこにいる間は、誰かと一緒にいなくてはいけません。

》四六時中、ずっと人と一緒にいると気持ちが疲れてしまう時もあります。

》気持ちを言葉に表せなくて、そのために欲求がかなえられないと、不満がたまったり心が不安定になります。

そこで

保育室やホール、あるいは事務所の中に、こどもが一息つける場所や環境を設けましょう。

• ピット（凹）はくたくたになった心を受けとめてくれる場所。こどもが思うようにリラックスできる環境をつくりましょう。

• 一人でいられることで心が癒されることがあります。『凸凸凹凸』を利用して一人になれる場所を用意しましょう。

• ソファでくつろいだり、ゴロゴロしたりできると、心も体も脱力してゆっくりできます。

• 奥行きが深くて扉がない収納スペースのあなぐらでは、身を隠して気分が立ち直るのをじっと待つことができるでしょう。

• ピットには『折り合いをつける』ためにやってくるこどももいます。そのためにその子が選んだ場所を認めてあげましょう。

• 保育園の事務所でも大丈夫です。その時はテーブルセットや特別な玩具を用意し、こどもの気持ちにそっと寄りそいましょう。

そうすると

欲求が満たされない不安定な気分が解消されることで、感情の整理がついてエネルギーがチャージされます。そしてまた、みんながいる場所に戻って遊びを再開します。

006 凸凸凹凸／009 どうしたの?

024

今のあなたがすばらしい

一人でも過ごせる

We are not alone.

認めてくれる仲間がいるから

みんなと一緒に同じことをしている時もあれば、違うことをしている時もあります。あるいはみんなから離れて一人でいる時など、保育園にはいろいろな場面があります。

一人でいることが、みんなの輪に入れていないことと決めつけてしまいがちです。

》こどもだって、いつもみんなと一緒にいたいとは限りません。

》集団生活の中では、一人でいる時間を持つことを保障するのが難しい時があります。

》こどもも大人と同じで、一人になって考えたり、本を読んだり、じっくり何かしたい時があります。

そこで

その子を見て、一人でいても何かに夢中になって不安な様子もなく楽しんでいれば、あえて声をかけず、その時間と場所を奪わないようにしましょう。

- こどもの様子を見て、気持ちが何に向かっているか、どうしたいと思っているかを観察し理解する目を持ちましょう。

- 一人で過ごしていても、楽しんでいるかどうかという観点と見極めが必要です。

- 一人で本を調べたり、絵を描くことがじっくりできるように、壁側に机を置いてコーナーをつくったりして、『遊びを混ぜない』集中しやすい環境を整えます。

- 一人でいたこどもが仲間のところに戻りたいのに、戻りづらそうにしていたら、自然に戻れるきっかけをつくりましょう。

そうすると

集団生活の中でも、こども一人ひとりの気持ちが尊重され、したいこと／やりたいことがかなえられることで安心感が生まれます。安心して一人でじっくり取り組むことで、個性が伸びていきます。自分を認められることが、他人を認めるきっかけにもなります。

005 1/365／009 どうしたの?

025

自分で決める

Decide and make up your mind.

決めたら覚悟がついてくる

「今日はこれをやろう！」と心に決めて保育園に登園し
てくるこどもたちもいます。

保育園のスケジュールを意識して、
何でもかんでも大人が決めてしまいがちです。

》 なにかと指示が多いと、こどもには「やらされ感」が生まれがちで、自発的に何かをしようとする意欲が育ちません。

》 いつも自分でやる・やらないを決めていると、力まずいろんなことにチャレンジができます。

》 自分で決めたことを進める時に、必ずどこかで他人と折り合いをつけなければならない場面が出てきます。

そこで

指示を出す前にひと呼吸置いて、
こどもが決めてはじめるのを待ってみましょう。
そして、できる／できないにかかわらず最後まで見届けましょう。

• こどもが打ち込めるのは何かを見極めて、「やりたい」「つくりたい」と思った時に支援できるよう、必要なものを準備しておきましょう。

• あらかじめさまざまな素材を用意しておけば、こどもはそれぞれが好きな材料で好きなことに取り組み、結果を残すことができます。

• こどもがいったんはじめたことを、最後までやり遂げるか、あきらめてしまうかどうかを、しっかり見届けるのが保育者の仕事。その時のフォローの声かけも忘れずに。

• やり遂げた時には、その喜びや達成感をこどもとしっかり共有しましょう。

• 例えば食事の時に、こどもが自分で食べる量を決めれば、完食できて食事が楽しくなるきっかけになります。

そうすると

自分で決めてはじめたことだから、失敗して悔しい思いをすることもあれば、達成して大きな喜びを得ることもあります。その瞬間瞬間が成長のステップになります。主体的に自分で決めることで、将来の見通しをたてることを覚えていきます。

010 生活習慣を仕掛ける／027 こどもからはじまる／036 特命担当

026

今のあなたがすばらしい

居場所を宣言する

Declare own space.

所有と社会性の芽生え

保育園の中にはさまざまな場所があり、こどもたちはお
気に入りの場所を見つけたり、自分の居場所をつくろう
とします。

こどもの多様な興味・関心をかなえる場所をつくろうとしても、使えるスペースや材料、表現の仕方は限られています。

》 与えられた場所や、大人の都合で用意された場所は、こどもにとっては愛着が湧きにくいものです。

》 みんなの場所の一部を占有しようとすると、人と調整したり、仲間を説得して許可を得たりする必要が生じます。

》 遊びに熱中すると、その場所を独占していたいという占有意識が生まれます。

自分でつくって独り占めしたくなる場所に、みんなを招待することや協力してもっと居心地よくする楽しさを共有しましょう。

• いろんな材料を使ったり、自由な方法で自分の場所をつくれることを、こどもに伝えましょう。

• 居場所をつくるための布や段ボール箱などの材料は、こどもが自由に使えるようにしておきましょう。

• こどもが自然に自分の居場所をつくれるように、保育者がある程度まで準備するのも一つの方法です。

• 例えば、部屋の隅っこ、奥行きが深くて扉がない収納スペースなど、潜在的に居場所になりそうなところを、うまく使えるようにさりげなく示しましょう。

• 一時的に使うということを話したうえで、自分が好きなものを貼ったり、置いたりして占有を認めることもあります。

• 自分でつくった場所には強い愛着が持てて大切にしようとします。他のこどもも同じで、お互いに認め合い、大事にし合うことを共有しましょう。

生活空間が、一人の場所やみんなの場所が合わさって重層化し、豊かなものとなっていきます。自分の意思を表すことを知るとともに、みんなと互いに大切にし合う気持ちが生まれます。

003 その子の紋章／011 変化は進化／037 テーブルの七変化

エピソード

021　今のあなたがすばらしい

　夏まつりの一場面、5歳児を中心にお店をする幼児クラス。輪投げやさんの担当の4歳児のTくんは5歳児のサポート役。お客さんが投げた輪を拾い集め次の人に渡す役をせっせとがんばっています。お客さんにシールを貼ってあげるお仕事をやろうとすると、主導権を握る5歳児に「いいー！　これはやらなくていい」と言われてちょっぴり残念そう。でもTくんは「輪投げどうぞ」とお客さんに優しく声をかけ、てきぱき。1歳児のお客さんには、さらに優しく声をかけて渡しています。1歳児は投げているのか落としているのか1本も入らず、「はーい、1本も入りませんでしたが、がんばったので金メダルでーす！」と金メダルをそっと首にかけてあげる真似をしています。1歳児も見えない金メダルを見つめてにっこり。その後もTくんは「はーい、がんばりました」「すごいでーす」とひと声かけながら、見えないけれどとびきり輝く金メダルを丁寧に首にかけてあげるのを忘れずにしていました。それは誰かにやりなさいと言われたことではなく、Tくんの優しい心そのものです。

—

　5歳児のHくんは絵を描くなどの制作活動が苦手で、また、やり出すまでどう表現したらいいかもわからず手が止まる。夏の活動でのこと。楽しかった活動を振り返り、こどもたちが絵に描きはじめた。それまで絵を描くことに苦手意識があったHくんだが、「スイカ割り」の絵を一生懸命、クレヨンの手を止めることなく描き進めた。表現活動は上手にやれてよし、お手本通りできてよし、との判断になりがちだが、今回、楽しかったという気持ちから、その気持ちを絵に表現するHくんの姿を見て、心を動かす体験の大切さを改めて感じた。そして、一緒に楽しかった思い出を振り返り、共に喜びを共有したことで、Hくんは少し苦手意識を克服し、また、さらにチャレンジすればできると、実感できたのではないかと思った。こどもたちそれぞれに得手・不得手はあり、プロセスは異なるが、達成感をどの場面でも味わえるように「よっしゃ！の瞬間」を増やしていける保育を目指したい。

022　折り合いをつける

　5歳児のＡくんとＢくんは一緒に行動することが多い。ある日の夕方、数人が積み木コーナーの片付けをしていると、Ｂくんが私の元へ駆け寄り「Ａくんが謝ってくれない」と訴えた。私はＢくんから話があるよ、とＡくんに伝え、Ｂくんに話を委ねた。「手を叩いたのに謝ってくれない」と言うＢくんに対し「手はぶつかっただけで叩いてないから謝らない」と言うＡくん。どちらも譲ろうとしない。私が戸惑っていると、先輩の保育者が代わってくれた。先輩はしっかり話を聞きつつ、こどもどうしに解決を委ねていた。すると、ＡくんとＢくんは涙を流しながら自分たちの言いたいことを思い切り言い合い、最終的には互いに「ごめんね」と伝え合うことができていた。保育者が無理に介入して話を進めるよりも、こどもどうしに解決を委ね、スッキリするまでとことん言い合うことも時には大切なのだと感じた。思いをすべて出し切ることで、こども自身で気持ちに折り合いをつけることができるようになる。

―

　Ｋくんは毎朝お母さんから離れられず、大泣きしながら入室していた。遊びに誘ったり「大丈夫だよ」「もう泣かないで」など声かけしても泣き止むことはない。Ｋくんを抱っこしながら、いつもお母さんから引き離して申し訳ないという気持ちになった。私は本当にＫくんの気持ちに寄りそっているだろうか。涙を止めることしか考えていなかったのではないか。つらい時、不安な時は泣いてもいいはずだ。そして気持ちを吐き出し、頭と心を整理するために泣くことも必要だと気づいた時、私はＫくんを抱きしめながら「いっぱい泣いていいよ」と言葉を伝えていた。Ｋくんは私の体を押しのけお母さんのところへ行こうとすることもなく落ち着き、私の膝に座ってたくさん泣いてくれた。いつもより涙の時間も短く感じ、その後は二人で何気ないおしゃべりをすることができた。泣きたい時は泣いたっていい。こどもたちが自分の気持ちに正直になることで少しずつ前に進んでいけるよう、その思いを受けとめていきたい。

023　ピットイン

　Ｃくんはお友だちとのかかわりの中でトラブルを抱えやすい子。どうしても思いどおりにならないことにキーッとかんしゃくを起こしたり、お友だちに手を出してしまうこともあります。そんな時は、そっと部屋の外の絵本コーナーへ。季節の装飾をしたり、生き物と緑の置いてある静かな空間で、保育者と一緒にクールダウンします。誰にも邪魔されず、ゆったりとした場所で穏やかな気持ちを取り戻し、しばらくすると「お部屋に戻る」と帰っていきます。時には事務室でじっくりお絵かきや塗り絵をし、気持ちが満たされると部屋に戻っていく、ということもあります。絵本コーナーや事務室はＣくんにとって心を安める大切な空間です。トラブルを抱えやすい子は、お友だちとのかかわりにストレスをためてしまいますが、人と離れた「個」になれる場で静かに過ごすことによって落ち着きを取り戻せたりします。そのための場が心地よく過ごせるよう、常に環境を整えておくことの大切さをＣくんから学びました。

024　一人でも過ごせる

　シロフォンという玩具があります。ジグザグの傾斜に小さなボールを転がし、最後に階段状になっている鉄琴の板にボールがトントントンと落ちます。その時になんとも言えない澄んだ素敵な音色がするのです。2歳児クラスのＡちゃんのお気に入りの玩具です。保育園に来るとすぐにこのシロフォンで遊びます。その日は特に夢中でした。ボールを1個転がしたり、2個同時に転がしたり、4〜5個連続して転がしたり、いろいろな転がし方をして、その都度音色に聴きいっているのです。飽きることなく何度も何度も繰り返し、まるで作曲をしているかのようでした。Ａちゃんの姿を見て近寄る子もいたのですが、保育者が他の遊びに誘い、Ａちゃんの遊びが中断されないようにそっと見守りました。その後もＡちゃんはしばらくこの遊びを続けていました。

025　自分で決める

　遊びの幅を拡げてあげるためにもこどもたちを違う遊びや玩具に誘うことがあります。「これをやろう」と近くにあるものに誘っても、こどもたちは決められた遊びなのですぐに飽きてしまいます。そこにこどもたちの「やりたい」は芽生えてこなかったのです。そこで大人が決めるのではなく、こどもが決められるように「これとこれ、どっちがいい？」や「何やろうか？」と聞くと、こどもたちは自分で考え、選択するようになりました。自分で決めたことだからとその遊びに打ち込む姿も見られました。大人が決めたことをこどもがやるのは、ただやらされているだけ。「やりたい」と思う意欲もなくなります。これからもこどもの気持ちを大切にしていきたいです。

026　居場所を宣言する

　1歳児クラスの棚には、55cm×60cmの大きさの布を複数枚置いています。こどもがテーブルや敷物に使ったり、ぬいぐるみの敷き布団になったり、物を包んでカバンがわりにしたり、さまざまな使い方をしています。それだけでなく、玩具をその布の上に置いて遊ぶことで、他のこどもに「今、この玩具で私は遊んでいる」ということが伝わり、その布の上に置いている玩具は、その子が使い終わるまで、他のこどもは自然と別の玩具で遊んでいるので、こどもどうしのトラブルを回避することができています。何の変哲もない一枚の布ですが、パーソナルスペースづくりにも活用されています。

こどもからはじまる

Respect for the children's imagination.

027-033

こどもからはじまる

Respect for the children's imagination.

「何もしない」という尊重

大人が何かをはじめようとする時は、自分の経験や知識の中から断片を寄せ集めて、それらを組み立てようと考えますが、こどもは手順を考えずに、何かをはじめようとします。

大人が立てた計画を遂行することに注力して、教える／導くのが当たり前になり、本来こどもが持っている成長の芽を見失ってしまいます。

》 こどもに任せる覚悟を持ち、こどもがはじめることを待つのは難しい。

》 こどもには少しの栄養でも、タケノコのようにグングン伸びていく力があります。

》 大人には経験・常識によって見えなくなっていることがあります。その逆に、こどもにしか見えない／気づかない真実があります。

クラスで活動をはじめようとしている時に、思い切ってすべてをこどもたちに任せてみます。

• 大人がこどもに何をしてあげるべきかを考えるよりも、こどもの気持ちや成長の段階がどうなのかを考えてみましょう。

• こどもたちで話し合って、決められるような状況をつくりましょう。

• その時、保育者は決まるまで待って、こどもから意見・アイディアが出にくい時は、大人が少しリードして引き出してあげます。

• そうは言っても、大人が知っている答えをすぐに言うことはご法度です。

• こどもがつぶやく言葉を拾い上げ、その気持ちに気づいてあげましょう。

• こどもが自由な発想で、意見を言えるフリーな時間を保証します。

• 保育室ではいろんな遊びができるようにして、発想と選択の幅が拡がるようにします。

こどもが提案したことが実現することで、こどもはその遊びに没頭し、さらに新しいことを考えはじめます。ゼロから考え、つくり上げることで、想像力が育まれ、生きる力が伸びていきます。

028

小さなきっかけから

A small trigger opened human's science history.

なぜ？どうして？からはじまる

毎日の生活は、変わりなく同じことが繰り返されていますが、身の回りの小さな出来事の中に、大きな発見の種が潜んでいます。

保育の中で、こどもを導く方向を難しく考えすぎてしまいます。
すると、自由な発想を失い、小さなきっかけすら見過ごしてしまいます。

>> 世界は広く、私たちに関係あること／ないこと、日々たくさんのことが起こっています。

>> その多くの事がらの中から、こどもたちに伝えたいことを絞り込むことは難しいものです。

>> 保育者は、計画したことをその通りにやらなければならないと思ってしまいます。

そこで

こどもたちが「知りたい」「なぜだろう」「きれい」と思いそうなものをさりげなく、こどもが気がつくところに置きましょう。

• それらにこどもが気づいた時に、こどもの発する言葉や行動・リアクションを見逃さないようにして、「知りたい」「どうして？」にしっかり向き合います。

• 気づきの反応が薄い時は、工夫や表現を変えてみたりして、絶えずこどもの関心を引き出すことにトライしましょう。

• 例えば、保育室内にあるカレンダーの写真が世界の風景や生活を写したものならば、その写真の国が世界地図の中でどこにあるかを調べてみる。さらに、その国のあいさつや食べ物を調べることにつなげてみましょう。

• 例えば、サツマイモ掘りで得たイモのツルを利用して、リース飾りをつくってみます。松ぼっくりなどの自然物が飾りのちょうどよい材料になります。

• 例えば、氷が張った水たまりを見つけたら、どんな場所やどんな時に氷ができるのか考えてみます。水を張ってつくる時に、容器の素材によっても違うのか、実際につくってみたり、本で確かめたりします。

• 匂い・香りに興味を持ちはじめた0歳児はすでに科学に対する好奇心の芽を持っています。その芽が発芽、開花して大きな実を結ぶように育てます。

そうすると

身の回りの何げない小さなことから疑問や好奇心が芽生え、大きな学びにつながります。科学の歴史において、小さな発見が成功への道を切り開いてきたことに思いを馳せます。

---

015 語りかける飾り／038 こども会議

029

遊びは日常のトレース

All we really to know, we learn in nursery school.

模倣は創造の母

こどもは日常生活に見立てた"ごっこ遊び"を通して、何かを学びとろうとしています。

遊びが固定化し、遊びの中で登場する要素が限定されてしまうと、想像の世界が拡がりにくくなります。

>> こどもは日常的に眺めている世界を、遊びの中で自然と再現する力を持っています。

>> こどもの想像力は無限大なので、実体験を豊かに反映して、遊びに発展させます。その時に、小道具があると状況が深まっていきます。

>> 小道具を用いることで、それぞれのこどもが考えている場面が現実性を持っていきます。

そこで

遊びの中で現実社会をなぞり、社会の経験をシミュレーションできるような場面／舞台設定を用意しましょう。

- ごっこ遊びには、いろいろな見立てができるような、抽象的な小道具や環境を用意しましょう。

- 何にでも変化できる材料を用意してみましょう。こどもの遊びが進んできたら、リアルなものをそっと添えましょう。

- 小道具の中に、玩具と共に本物を想像できるものを置いて、リアルな追体験ができるようにするのも一つの方法です。

- 『遊びを混ぜない』ように、時には継続的に使用できる大きい舞台を用意して、物語を紡ぎ出したり、新しい世界の創造にチャレンジできるようにします。

- 小道具には古くて使わなくなったものや、廃材を利用するのもいいです。物に込められた生活の歴史や背景についても考えてみましょう。

そうすると

遊びの中で、こうありたいと思う社会を表現しはじめます。また、どんなシーンにも人間関係と役割分担があることを自然に覚え、社会性が身につき、コミュニケーション力が高まっていきます。

012 遊びを軸にする／013 こどもとの知恵くらべ／014 本物に触れる／016 メイドイン園

遊びを混ぜない

Focus in what you are doing.

一心不乱に遊ぶ

保育室はクラスのこどもたちみんなが一日を過ごす場所
で、こどもだけでなく、大人も出入りします。

遊びに集中できる環境がないと、
注意が散漫になり、自分がやりたいことを見失ってしまいます。

》活動に応じた専用室を設ける余裕がないので、保育室は多目的に使われています。

》成長に応じた活動に対応して、それぞれのスペースが必要です。

》同じ玩具をずっと使っていると、種類や色、形が今のこどもの成長段階に合わな
くなっていることがあります。

そこで

保育室内のスペースにバリエーションを持たせて、それぞれの遊びが
混ざらず、中断されず、ひたすら夢中になれる環境をつくりましょう。

- 棚などを活用して、遊びごとのコーナー（ごっこ遊び・積み木・机上遊び・絵本
コーナーなど）を設定し、自分で遊びが選択できるようにします。

- 調べ物や机上遊びなどを静かに取り組めるように、壁に机をつけて、他の子が気
にならないようなレイアウトにしてみましょう。

- スペースの仕切り方では、カフェカーテンなどを活用して大人の目線などが気に
ならないように工夫をしましょう。

- こどもの発達段階を考慮して、こどもが進んで使いたくなる玩具を用意しましょう。

- 玩具は、それぞれのコーナーを越えて持ち出されることもありますが、遊びが終
わっていたらそっと元に戻して片付けるようにします。

- 『遊びを軸にする』ことで、こどもたちが遊びを決めます。使いたい玩具を棚か
らすぐ取り出して使えることで、その遊びに集中します。

そうすると

そこで何をして遊ぶかが自然とわかりやすくなり、集中して遊ぶことができ、こど
もたち自身が工夫することで新しい遊びが生まれたりします。そして、遊びにメリ
ハリがついて『夢中・熱中・集中』するきっかけが生まれます。

006 凸凸凹凸／012 遊びを軸にする／037 テーブルの七変化

活動／発見の連鎖

A chain of change.

混沌の中から光を見つける

『小さなきっかけから』芽生えた疑問や好奇心から、新たな疑問や興味・発想が生まれています。

一つの活動や発見をそれ単独のことだけで捉えてしまい、他のことに関連づけたり、発展させたりすることができないことがあります。

》まずは計画の遂行を優先させてしまいます。

》すべての事象には因果関係があり、何かの理由や背景、事情で互いにつながっています。

》こどもは好奇心・探究心が強く、身の回りのことに次々と疑問や関心を抱きます。

そこで

こどもたちが何かを発見し、気づきがあった時、それを多角的な視点から見て、どのように膨らませていくかを考えましょう。

- 保育者は『小さなきっかけから』次に起こる連鎖を想定して、つなげる活動や、そのための環境設定を、いつも、いくつも用意しておきましょう。

- こどもが示した興味・関心を、どうやって大きく拡げたり、他のことにつなげていくかを意識して、次の活動を計画します。

- こどもの発想が、保育者の想像力を超えていて、現実味がなくてもいったんそれを受け入れましょう。

- 保育者は活動の大きな枠組みを決めることはあっても、実際の活動内容については、こどもの思いを大切にします。

- こどもの意外な発想が、科学／数学／文学／哲学／社会／経済／歴史／美術／音楽などさまざまな分野に発展していく芽を持つことを意識します。

- 地域の人たちや行事など、まわりをとりまく環境を活用しましょう。

そうすると

こどものやりたい／やってみたい気持ちが遊びや活動につながると、探究心がさらに深まり、自分たちで勝手に（主体的に）次に何をすべきかを考え、そこから学びに向かう力が伸びていきます。

014 本物に触れる／020 生き物は保育者一人分

032

夢中・熱中・集中

Forget oneself with fever and concentration.

なぜ?どうして?はさらにつながっていく

こどもは自分が強い興味・関心を抱くことに対しては、集中して取り組みますが、ふとした瞬間にやめてしまっていることがあります。

自分ではじめたことであっても、途中で投げ出すと やり終えた達成感を持つことができません。

》人によって思っている完成度が異なり、とことんやり切る度合いが異なります。

》こどもの興味・関心や集中の度合いや持続度はまだまだ不安定で、とことんやれるチャンス・場面が、いつ来るかわかりません。

》とことんやる内容は、千差万別でこどもが決めます。

そこで

自分ではじめたことに、こどもたち自身がやり切った気持ちを 持てるように、要所要所で手を差し伸べましょう。

- こどもが何かに夢中になりはじめた瞬間を見逃さないように、こどもの様子を観察します。今何をしているのかを注意深く見守ることが大切です。

- こどもが途中でくじけそうになった時には、その子ができそうなことをアドバイスして、前向きな気持ちに導いてあげましょう。

- 一度やりはじめたことは、時間がかかっても最後までやれるように見守り、支援しましょう。こどもが集中している間は、保育者は余計な口や指示を挟まない忍耐力を持ちましょう。

- 最後まで達成したら、しっかりとほめてあげましょう。

- 『小さなきっかけから』はじまった探求は、『活動／発見の連鎖』につながる芽を持っています。こどもの心に灯った小さな疑問や興味・関心の光を見逃さず、細かい心配りと支援を行いましょう。

そうすると

とことん自発的・自主的・主体的に、納得するまで追求すると、あきらめない力や忍耐力と共に自分に自信がつき、次のチャレンジにつながっていきます。そして知識・技術・体力・集中力がいつの間にか身についていきます。

---

008 声かけん／012 遊びを軸にする

033

アトリ園

Art-garten.

創造の館

遊びの中で創られるものは多種多様で、一人ひとりのこ
どもによって創られる物、（創りたくなる）タイミング、
得意なものは違います。

こどもたちが創りたいものはそれぞれ違うのに、
創ったものすべてを同じフレームの中にまとめて飾りがちです。

》日常的に創作活動を行って、出来たものをさりげなく飾っていきたいのに、全員
　の作品を展示できる適当なスペースや場所がありません。

》展示するものは完成したものに限ると思いがちであり、並べて展示すると、つい
　つい大人の視点で比較してしまいます。

》作品として成果物がないと、「活動（教育的活動）をやっていないのでは？」と
　思われてしまうことが心配となり、飾ることでそれを示そうとしてしまいます。

すぐに創作活動にとりかかれる環境を用意して、
その子の作品や創作行為に合わせて展示しましょう。

・作品を創るためのさまざまな素材や道具を、使いたい時にこどもがすぐに手に取
　れる場所に置くようにします。

・何かしらのインスピレーションを受けて、突然に創作活動がはじまることもあり
　ます。作品創りのはじまりと終わりはこどもに委ねてみましょう。

・積み木や創作玩具など、制作途中のものを壊さず続きができるようにコーナー、
　棚、カウンターや窓枠などを使って展示スペースとしてみましょう。玩具で表現
　したものも立派な作品です。

・みんなや保護者に見てもらいたい、という作品ができたら、棚に置いて飾ったり、
　額に入れて飾ったり、それを飾る工夫をしましょう。

・抑えつけず、決めつけず、ありのままを受け入れて、人として対等にこどもに接しま
　す。創られた作品を通して、こどもの気持ちや背景となる体験に寄りそいましょう。

保育園の中にはいつもこどもたちの作品があふれ、作品を飾ったり、得意なことを
認めたりしていくことで、こどもは感情を素直に解放できるようになっていきます。

002 家族/人生まるごと受けとめる／011 変化は進化／015 語りかける飾り／016 メイドイン園

エピソード

027　こどもからはじまる

　毎年、4歳児クラスが、屋上でチューリップの球根を植えて育てているのですが、そこで起きた大事件についてです。朝の水やりに向かうと、チューリップの球根が土の上に出ていたのです。そして、球根には何かに食べられたような跡がありました。なんでだろう？と不思議に思ったこどもたちは、その日のうちに集まって話し合いをし、カラスの仕業ではないかという推測が生まれました。カラス除け対策を大人が行うことは簡単なことですが、ここでは大人は口出しせずに見守ることで、こどもから生まれる意見を待つことにしました。すると、こんな会話が生まれてきました。「植木鉢にフタを付けたらいいんじゃない？」「でもフタをしたらお日様当たらないよ」「お日様当たらないと枯れちゃうね。フタに穴開ける？」「カラスってすごいくちばしだから穴からくちばし入れちゃうかも」「そしたらカラスの好きな食べ物を用意したら球根食べないかも」「けど、そんなことしたら、カラスがおいしいもの食べられるから毎日来ちゃうね」「カラスって鼻もいいから、臭いチーズを置いておくのはどうかな？」「けど、カラスって臭いのも何でも食べるよ」カラスの特性をとらえた具体的な話し合いは次第に"カラスが嫌いなものは何か"に移っていき、ついにひらめきます。「かかしを付けてみたらいいんじゃない!?」考えに考えた対策案はかかし作戦でまとまり、試行錯誤しながらもかかしづくりにも挑戦。翌日からはこどもの願いが詰まったかかしが屋上でチューリップを守っています。今回、球根が食べられてしまった経験を通し、こどものドキドキわくわくした気持ちが膨らんでいきました。そして、こどもたち自身がどうすればいいか、どうしたいかなどたくさんの意見を交わし、自分たちで方法を見つけていきました。その後も、こどもたちの中で犯人探しや対応策の話し合いは続いていっています。こどもの力を信じ、その力を削いでしまわぬよう、思い切ってすべてをこどもたちに任せることの大切さを実感した出来事でした。

028 小さなきっかけから

　幼児クラスでは、毎年野菜づくりをしています。ある年も枝豆を植え、水やりをかかさず行い、大事に育ててきました。収穫し、みんなで食べることもできたのですが、しばらくそのままにしておいたら枝豆が茶色っぽくなっていることに気がついたこどもがいました。「これはこのあとどうなるのだろうか？」と疑問に思い、給食スタッフに質問したり、絵本や図鑑で調べたことがきっかけとなり、次の年に大豆を使った食育活動がはじまりました。大豆の絵本を見たり、大豆は何に変化するのかなどの話を聞いたり、実際に見たり、調理したり、食べたりして、一年を通して大豆のことをたくさん知ることができ、楽しいひとときとなりました。こどもたちは目を輝かせながら参加しており、この食育活動を通して達成感を味わえたように思います。

—

　園庭の片すみに植えてあるブルーベリーの木。あまり実ることもなくこどもたちも普段気にもとめていない。でもある日、ちょっぴりやんちゃなＡくんと５歳児の女の子が「ブルーベリー!!」と５〜６粒ひっそり実ったブルーベリーに気づいて収穫。幼児クラスの子たちみんなに知らせ、大喜びで「どうやって食べる？」「食べたいよね……」とこどもたちで話し合い。次の日、Ａくんが「ブルーベリーをジャムにできるよ」と家にある本を持参してくれました（以前家で見たことがある本を、急いでさがしてくれた様子）。「給食さんにジャムにしてもらおう！」と盛り上がる。園長からのリクエストで、急きょ給食スタッフによるＡくんが教えてくれたジャムづくりの実演会を行った。「わ〜、いいにおいしてきた」「あつそう〜」「あっ色が変わった」「みたい、みせて〜！」と大にぎわい。ほんのひと握りのブルーベリーからできたジャム。せっかくなので小さく切ったパンにおしるし程度のジャムを塗って幼児クラスみんなで味見した（大人には何となくブルーベリーかな？ぐらいの味）。こどもたちは静かに真剣にテイスティング…「？？？」「おいし〜」「あま〜い」。誰かが言うとつられて？盛り上がるこどもたち。Ａくんの本を紹介して「今日

はおかげさまでおいしいブルーベリージャムができました、ありがとう」と伝えると、Aくんはほこらしげな顔でした。

029　遊びは日常のトレース

　最近ブームの保育園ごっこ。こども用に小さいサイズの保育者エプロンをつくると「私は○○さん役」「僕は○○さんになる」と担任になりきって遊ぶこどもたち。朝の受け入れの保護者対応から日中のクラス活動、食事やおひるね、さらには勤務終了後の「お疲れさまでした」の保育者どうしのあいさつまで細かく再現するこどもたちの姿がありました。時々「やめようね！」とふくれっ面して注意する担任が現れたり、急いでお迎えに来る保護者が現れたり、数日前に同じようなことがあったなと思い出すこどもどうしのトラブルまで登場したり。本当にこどもたちはまわりの様子をよく見て聞いているのだなと感じました。幼児期は大人から受ける影響が育ち方に大きくかかわります。こどもたちにかかわる大人として、日頃の振る舞い、言葉遣いなどに気をつけようと感じた一幕でした。

030　遊びを混ぜない

　4歳児クラスのNちゃんが折り紙でドレスを折り、紙に描いた顔を貼り、人形をつくりました。そこへ画用紙を丸めた棒をつけ「これで人形劇がしたい！」と言うのでダンボールの舞台を用意しました。後ろに隠れ、人形を動かしながら、物語も考えていきます。「2人は森でかくれんぼをしました。あ！それなら木とか草もいるんじゃない？」とNちゃん。早速、画用紙を棚から取り出し、つくりはじめました。そうして、一緒に人形劇をする仲間や使う小道具はたくさん増えていき、物語もより一層深まっていきました。遊びの中で必要だと思った物をすぐにつくることができる環境、例えば材料や道具があることや、それをするスペースがあると、こどもの集中力も違うと感じました。

031 活動／発見の連鎖

　こどもたちとの散歩中、セミの声に耳を傾けている様子が……鳴き声に違いがあることに気づいた子が「これはミンミンゼミだね」と。でも他のセミの名前は出てきませんでした。そこで次の日の朝、絵本コーナーの机の上に画用紙を置き、セミの名前をいろいろ書いておき、その横に昆虫図鑑のセミのページを広げておきました。興味を持った一人の男の子が「コレここに鳴き声を書いたらいいの？」と聞いてきたので「書いてくれる？」と言うと黙々と書き上げていました。その様子を見ていた子が「ボクはカブトムシが好きだからカブトムシについて書きたい」と言いに来ます。画用紙に「カブトムシのせいちょう」と書いて渡すと、図鑑のカブトムシのページを広げ"タマゴ→サナギ…"と絵をつけて描き上げました。それを帰りの会で発表すると、みんなが大きな拍手をくれました。そこからまた「ボクも〜」という子が現れはじめました。

032 夢中・熱中・集中

　Aちゃんは手先を使う遊びが苦手な5歳児。ある日、友だちが小さい三角形のパーツでつくるコマで遊んでいるのをそばでじっと見ている。くるくる回るコマの動きや色に「すごい」「きれい」と興味を示す。「Aちゃんもつくってみる？」「一緒にやろう」と声をかけるとつくりはじめる。しかし、小さなパーツをつまむことが難しく、集中力もないためすぐにあきらめてしまう。この姿が何日か続いた。ある日も、そろそろ片付けを促そうと思っていた時、Aちゃんが集中してコマづくりに挑戦している。半分以上できていたので完成までできるようにと片付けの時間を遅らせ、つくるのを見ていた。以前は「もうやだ」とイライラする場面もあったが、この日はあきらめずに最後のパーツに取り組んでいる。しかし、「できない」と言って、あきらめそうになったので、そばに行き「すごいね！Aちゃんがつくったの？もう少し、がんばれ」と声をかける。やる気になったが、やはり難しいのか、「一緒にやろう」と援助を求めてくる。できることならAちゃんだけで完成させてほしいと思ったが、ここまでの努力を思い、一緒に完成させることにした。コマが完成すると、Aちゃんは友だちに見せて歩いた。次の日、こんどはコマをうまく回せない。回らな

いうちにパーツが外れるなどのアクシデントが続き、その都度保育者や友だちにアドバイスをしてもらいながらの挑戦が続いた。「やりとげたい」気持ちが強く、あきらめない日が数日続いた後に、見事に回すことができた。「やったね」とハイタッチをしようとした時、Aちゃんの手のひらにはマメのようなものができていた。Aちゃんの「やりたい」という「思いの深さ」と努力する姿を見て、"できる環境"を整えていくことが大切だと改めて感じた。

033　アトリ園

　担任する1歳児クラスでアートギャラリーコーナーを壁面につくりました。こどもたちの描いた絵や作品を保護者の方に見ていただく機会（展示するスペース）があまりなく、送迎時に見ていただけるように壁面を利用したのがきっかけでした。大きな模造紙にみんなで描いたなぐり描きや、七夕飾りの制作で行った染め紙を飾ってみると、登園したこどもたちがすぐに「ぐるぐる！」「あか！」など、自分や友だちの作品を指さしてうれしそうな表情を浮かべていました。「たのしかったね、またやろうね」と話しています。一人ひとりの作品に取り組む姿を、実物を見ながら保護者の方にエピソードとしてお話しする機会がとても増えたように思います。自分の作品を見たり、お友だちの作品を見ることで刺激を受け、またやりたいという意欲につながったり、飾ってもらってうれしいという気持ちを持ってくれたらと思います。

先輩へのあこがれ

Seniors are so cool.

034-039

先輩へのあこがれ

Seniors are so cool.

なりたい、してあげたいを受け継ぐ

多くの保育園では、学年別にクラスをつくり、同い年の
こどもどうしで生活し、それぞれに活動を行っています。

034

同学年のこどもどうしのかかわりが中心だと
年上や年下の子とのかかわりを持つ機会が少なくなりがちです。

>> 年上の子が近くにいると自分よりできる様子をたくさん目にすることができ、あこがれや目標を持ちやすくなります。

>> 初めてこどもを持った保護者は、こどもの成長過程を想像することが難しいものです。

>> 年下の子が近くにいるとお世話をしたくなります。

幼児期の3〜5歳児は異年齢でクラスを構成し、
こどもどうしの多様なかかわりが自然に生まれるようにします。

- 自分より年上のこどもの活動に間近で触れて、「かっこいい」「やってみたい」などの、あこがれの感情が自然と湧き上がるようにしましょう。
- 家庭や地域のように、異なる年齢が混じり合う自然な姿に近い生活環境を用意します。
- 異年齢のこどもが混じって共同作業するような機会を設け、助け合ったり、思いやれる関係をつくりましょう。
- 生活の空間は異年齢でも、活動に応じて年齢ごとのプログラムを用意します。

多様なかかわりの中で互いに触れ合い、まねる、教えることで、できなかったことができるようになります。さらに今度は、自分がしてもらったことを年下の子に「してあげたい」「教えたい」という感情が生まれ、思いやりやいたわりの気持ちが育っていきます。

014 本物に触れる／021 今のあなたがすばらしい

3つのいいところ

Search for one's advantages.

仲間を認めて、自分を認められるようになる

100人のこどもには100の個性があると同時に、一人ひとりの成長にも個人差があって、みんな違います。

ここまでできるようになってほしいという思いが強くなり、できたことを見過ごしてしまい、その子が持つ個性や秘めた力に気づきません。

>> いつもクラス全員で同じ活動を行っていると、集団の中で一人ひとりのこどもに目が行き届かないことがあります。

>> みんなに同じ経験をしてもらいたくて、その結果、一斉に同じことを行いがちです。

>> 保育者としてしっかり持っている専門的な知識や経験が時には邪魔をして、例外を認めることなく、こどもを一律の型に当てはめてしまうことがあります。

その子が持っているいいところを積極的にほめて、こどもどうしでも積極的に認め合う機会をつくりましょう。

• 普段から、小さなことでもその子の得意なこと、いいところを見つける目を持つことを心がけます。

• いいところを見つけた時は、それが発揮された場面でほめてあげて、他のこどもにも伝えていきましょう。

• 例えば、折り紙をしているこどもに「○○くんが上手だから、教えてもらったら？」と声かけをして、こどもどうしが認め合う機会をつくりましょう。

• こどもどうしで、お互いの得意なことやいいところについて、知っていることがどんどん蓄積されていきます。

• その子の誕生日が訪れたら、みんなでその子のいいところを3つ言ってあげましょう。どの子にもみんなに必ず、いいところを称えられる時があることが大切です。

人から認められるとうれしくなります。それが自信につながり、自己肯定感が高まり、次のチャレンジにつながります。同時に他人のいいところを見つけることで、互いを認め、称え合う関係が育まれていきます。さらに、異年齢保育では多様なかかわりが生まれます。

001 ひとっていいな／005 1/365／007 言葉は渡すもの／022 折り合いをつける

特命担当

A special change for you.

その子が輝く瞬間

こどもたちは、それぞれに光るものを持っています。

集団生活の中では、それぞれの得意なことや興味のあることをいかして活躍できる時間や場所がなかなか持てません。

» 保育園での活動や役割を、公平性を重視して分担すると、個性が埋もれてしまいがちです。

» 誰でも、好きなことや得意なことには、自ら積極的になってがんばれます。

» 人は、得意なことが誰かに認められて、頼りにされるとうれしいものです。

活動における役割やルールを、こどもどうしで決めて日々実行します。その子がやりたい／得意なことに自主的にかかわれる環境をつくりましょう。

- こどもたちが『夢中・熱中・集中』できる環境を整えます。
- 保育者はこどもの光るもの＝得意なことを見つけ、それを発揮できる場や機会に常に留意し、チャンスを逃さないようにします。
- 活動の役割やルールを『こども会議』を開いて決めるのも有効な方法です。
- 『小さなきっかけから』発見をしたこどもには、それを発展させた活動を任せて、『自分で決める』ことを体験できるようにしましょう。
- ある一人の子にしかできない特別な役割が見つかった時には、思い切って任せてみましょう。
- こどもたちからの質問に、何でも保育者が答えるのではなく、得意な子に聞いてみるように促しましょう。

その子の得意なことが認められるだけでなく、それにかかわる活動をリードしていくことで、仲間から認められ、リスペクトされます。一連の活動を通して自信や自己肯定感が育ち、さらには責任感が生まれます。

020 生き物は保育者一人分／025 自分で決める

テーブルの七変化

Table change inspires our imagination.

いつも真ん中にあるもの

食事、読書、絵画、工作、物語、ごっこ遊びなど、さまざまな場面にテーブルが使われます。

保育園ではテーブルを多用途に使っていますが、
実は、テーブルが創造的な活動を喚起させていることに気づきません。

» テーブルは作業や食事をする時に使うもの、というくらいの認識しかなく、使わ
　ない時は、邪魔にならないように片付けてしまいます。

» 人と人が一緒に何かをする時、そこに何もないとよりどころがなくて、人どうし
　の心地よい距離が生まれません。

» 遊びや行動に適した座り方があり、近づきたい／離れたいも座り方に表れます。

出したり／片付けたり、またテーブルと椅子の使いまわしを
知ることで、自分たちの生活環境をコーディネートしましょう。

• 一日の生活の中で、テーブル・椅子が果たす役割を考えて、その時々に応じたレ
　イアウトをしましょう。

• 一方で、テーブル・椅子の配置が、棚やソファなどいろいろなコーナーに影響が
　ないかについても配慮しましょう。

• 例えば、集中して机の上で遊べるようにテーブルや椅子を保育室の一隅に置いて
　みましょう。

• 共同作業をする時は、みんなが集まって囲めるように、テーブルと椅子を部屋の
　真ん中に置きましょう。

• 演出も大切です。食事の時には、テーブルクロスをかけて一輪挿しを置くことで、
　レストランに早変わりします。

• 外にテーブルと椅子を置いてみましょう。室内とは違った遊びがはじまるかもし
　れません。

生活の各場面に必要なテーブルの役割や、テーブルを介した人との距離感を知るこ
とで、さまざまなコミュニケーションのスタイルを身につけます。

---

006 凸凸凹凸／011 変化は進化／018 食べるは楽しい／026 居場所を宣言する／030 遊びを混ぜない

こども会議

Discussion of the children, by the children, for the children.

人生で初めての打ち合わせ

こどもたちそれぞれが、遊びや行事、ルールやトラブル
に対して意見や気持ちを持ち合わせています。

保育者主体で物事を決めてしまうと、こどもの主体性や創造性が育ちにくくなります。

》》こどもは、大人に指示されてやることや、言われてやらされることを楽しめません。

》》こどもたちだけで話し合いをはじめることは難しいものですが、慣れてくると自然と話し合いができるようになります。

》》大人だけで決めると、固定概念にとらわれがちで拡がりがないことがあります。

こどもたちが自分たちの話し合いで決めたことを最後までやりきることを支援しましょう。

• 自分たちで話し合って決める「こども会議」の時間を用意します。

• まずは、テーブルや椅子を置いてこどもが集まれる場所をつくりましょう。丸く輪になって集まると、みんなが同じ距離で話し合えます。

• 保育者は、こどもたちが自分で考えて意見を言い、合意形成をつくる機会やきっかけを用意し、こどもたちで決めるよう提案します。ホワイトボードを活用するのもいいでしょう。

• 決まったことが、大人から見ると一見間違っているように思えても、まず一度は実行して、どうして失敗したのかについて話し合いましょう。

• 作成した会議録は、こどもや保護者とも共有しましょう。保護者には掲示板やクラス便りなどでそのプロセスを共有しましょう。

たとえ失敗しても、あきらめずに最後まで責任を持ってやり抜く主体性を育てることができ、こどもたちならではの工夫が生まれていきます。物事だけなく、役割や当番・担当も決めることで、達成感や人との関係性を築くことができるようになるでしょう。

---

008 声かけん／012 遊びを軸にする／027 こどもからはじまる／028 小さなきっかけから

039

なみだとけんかは
園の華

Tears and quarrel are the flowers of nursely school.

コミュニケーションをする力を育む最高の瞬間

こどもは成長に伴って他者との関係づくりを行っていき
ます。その中で、自分と相手の気持ちや欲求がぶつかり
合います。

意見や感情の衝突が、どこで起こるのかが予想できず、起こった時には、保育者はどこで介入すべきかを判断するのが難しいものです。

>> こどもは他の人に対して自分の気持ちが通じなくて、怒ったり悲しくなったりして、なみだします。

>> 他の人に興味が生まれ、お互いの領域が接したり絡まることで、怒りや不満を抱いて気持ちのやり場がなくなり、けんかになってしまいます。

>> なみだやけんかの場面は緊張感を生み出し、その場の雰囲気を支配します。

なみだやけんかの場面を保育者間で共有し、かかわり方を振り返り、次にどう行動するか、目線合わせをしましょう。

• 当事者のこどもたちが、どうしてなみだやけんかに至ったのか、状況をまわりのこどもや他の保育者に確認しましょう。

• こどもが泣いていても、すぐに保育者が駆けつけ寄りそうのではなく、プロセスや状況を見極めてからその子に接します。

• けんかの場面も同じで、まずはけんかの背景を確認しましょう。どちらかが良い／悪いの判断を性急に行わず、中立な態度で接します。

• なみだやけんかの当事者たちが自分たちで『折り合いをつける』ことができるように、辛抱強く待つこともあれば、早期収拾を図るために働きかけることもあり

• ます。振り返りや目線合わせは、そのことがあったらすぐに、日々の保育の中で随時行いましょう。

こどもが自然と『折り合いをつける』ことを身につけ、他者との関係性を築く力がついていきます。また、個々の保育者の力が育ち、同じ場面を見て同じように行動できるようなチームワークがつくられます。

008 声かがけん／009 どうしたの?／022 折り合いをつける

エピソード

034　先輩へのあこがれ

　3・4・5歳児が共に生活している幼児クラス。毎日間近で5歳児のお兄さんお姉さんが、お当番でホワイトボードに今日の献立の食材を貼ったり、前に立って体操をしたり、床拭きをしている姿を目にしている。そんな姿は3・4歳児のこどもたちにはあこがれであり、いつか自分も！という思いは口に出さなくても伝わってくる。そして年が変わりお当番になった5歳児は今まで見てきたお兄さんお姉さんたちのようにと張り切ってお当番をしている。この光景はこどもが変わっても毎年見られるものであり、活発な子やお世話が得意な子だけでなく、普段おとなしい子や消極的な子も率先してがんばっている。そんなこどもたちのやる気や純粋にがんばっている姿を見ると、改めてこどもたちのお当番へのあこがれの強さを感じるとともに、お当番の重要性を再認識し、保育者としてきちんと向き合っていこうと思いました。

—

　1歳児クラスのIくんが「どんどんカッカッカッ」と玩具を手に持ちリズムよく振りながら言いはじめると、そこに他の子も集まりはじめ、横一列に並んで合唱のようになり、一人ひとりが主役の笑顔。先日の夏祭りを思い出したのかな……。さっそく鈴や太鼓、タンバリンなど音のするものを用意すると、個々に気に入った楽器を持ち、音を鳴らしています。そこからお祭り気分も盛り上がり「ワッショイ」と言いながら、他クラスの部屋に向かうと、1歳児の練り歩きに、幼児クラスのこどもたちも「ワッショイ」とみんなで声をかけてくれ、その中をちょっと照れながら、でもうれしそうに音を鳴らして歩く1歳児クラスのこどもたち。部屋に戻ってきた時は、誇らしげな顔になっていました。Iくんの声から、みんながやってみたいという気持ちに発展した一場面に、1歳児でも上の子たちへのあこがれを感じました。これからもこの思いを表現したい気持ちをしっかり受けとめ、大切にしていきたいと改めて思います。

035　3つのいいところ

　私は現在、幼児クラスの担任をしています。いつも帰りの会でその日に輝いていた子を"今日のチャンピオン"として紹介していました。毎日紹介していますが、どうしても名前があがるのは決まった子が多く、内容も決まったことばかり。ある時こどもたちにも問いかけてみました。「今日は誰がどんなことがんばってたかな？」すると「Aくんが積み木の片付けがんばってた」「Bちゃんが椅子だしてくれた」など保育者の目が届いていないところで、こどものがんばっている姿や優しさがクラスにあふれていることを知りました。「良いところを見つけられたCくんも素敵だね」と伝えると、みんなが笑顔になっていました。最初はお友だちの良いところを見つけるのは難しかったですが、毎日やっていくうちに今ではたくさんのチャンピオンが紹介されるようになりました。こどもたちは「今日のチャンピオンは？」と楽しみにしています。本当にちょっとしたことでいいのです。こどもたちの良いところ、これからも見つけていきたいです。

036　特命担当

　クラスでトラブルが多く、集団の中になかなか馴染めないFくん。手が出てしまうこともあり、対応が難しいと感じることがありました。ある日クラスのコマや玩具が床にバラバラ落ちていて、クラス全体で玩具の扱い方について話し合いました。どうしたらいいかなかなか結論が出ない中、声を上げたのはFくん。「僕がコマリーダーになる！」「使って遊んで片付けなかったら、僕が片付けするよ」「3歳児さんが忘れてたら教えてあげる」と。その日から早速リーダーとして、1つでもコマが出ていると声をかけて使っていた子に片付けを促したり、自分で片付けしてくれたり……。クラスにコマが散乱していることがなくなっただけでなく、コマ回しが得意なFくんのまわりにはコマを回せ

るようになりたい子が集まるように……Fくんにスポットライトが当たるようになりました。その子の得意なことで役割を与え、みんなで認めていくことで、その子の良いところを伸ばしていくことの大切さを感じられた出来事でした。

037　テーブルの七変化

　今年度2歳児クラスを受けもつこととなりました。夏にままごとで使う食材の玩具を見直し、こどもが夢中になって遊べるよう環境を変えた時のエピソードです。麺や野菜など多くの料理がつくれるようにままごとコーナーの環境を変えると、こどもたちはわくわくとした表情で毎日遊んでいたのですが、ままごとコーナーのキッチンはコンロや調理場スペースが少なく、場所の取り合いに発展することも増えました。どの子も存分に遊べるように、こどもたちの食事用の長テーブルをままごとコーナーの横に設置しました。「ここだったら広くつくれるよ」と誘うと、一人ひとりに必要なスペースも確保され、同時に遊びもレストランごっこに発展しました。ままごとコーナー内はホール、長テーブル内は調理場となり、店員さん、コックさん、お客さんと、好きな役になりきり存分に遊ぶこどもを見て、食事づくりや机上遊び以外にも長テーブルは使えるのだと実感し、今後はもっと気軽にごっこ遊びに取り入れても面白いのではと感じました。

038　こども会議

　「夏祭りに向けてみんなで宝物をつくろうと思うんだけど、どう？」
夏祭りまであと一か月。5歳児クラスのこどもたちを集めて、保育者はこう投げかけてみました。その後、保育者は黙って記録係に徹します。「じゃあ宝箱にしない？」「何入れようかな」。こどもたちのわくわくはどんどん膨らみ、アイディアを出し合うことで具体的なイメージがつながっていきます。「でもさ、もし悪い人が来て宝箱を持っていっちゃったらどうしよう」「『持って

いかないで』って書こうか？」「わかった！もう一個作ってそこに『こっちを持っていって』って書こうよ！」。話し合いの結果、宝箱は二つつくることにしました。一つは手づくりの宝物が入った宝箱。そしてもう一つは蛇やお化けの入った偽物の宝箱。はじめから自分たちで考えてつくった大切なものなので、夏祭りの肝だめしで鬼役の保護者に奪われてしまった時のこどもたちの悲しそうな顔は忘れられません（その後の鬼退治で無事に取り戻しました）。

039　なみだとけんかは園の華

　幼児クラス全員で椅子取りゲームを初めて行った時のこと。ルールの説明はどの年齢もすぐに理解ができた。こどもたちはいつ音が止まるのかをハラハラどきどきしながらもゲームが進み、椅子に座れたこどもは「よっしゃー！」「やったー！」と喜び、一方、座れなかったこどもたちは“悔しさ”を表した。その表現が年齢によってさまざまであることに気づいた。3歳児は「あれ？もうゲームできないの？」とゲーム自体に対する未練が強く「もっとやりたかった」と悔しさを見せる。4歳児は負けたことに対して“悔しさ”を見せるがそれをどう解決したらよいか自力ではみいだせず、泣いたり怒ったりして葛藤する。5歳児は負けたことはとても悔しいが、悔しがったりしながらも「大丈夫！」と強がって見せたり、悔しがっている自分を周囲に知られてしまうことのほうが恥ずかしいと感じている様子。1回目を終えた時、「悔しいって思うことは恥ずかしいことじゃない。そう思えるってことは“もっとがんばるぞ”という大きなパワーになる素敵なことなんだよ」とこどもたちに伝える。すると2回目には「もう!!」「俺、勝ちたい、みんな勝ちたいよな。次がんばろう！」と悔しさを前向きに捉えた言葉が4歳児や5歳児からたくさん聞くことができた。「がんばれ！」と仲間を応援する声もあふれた。少しずつ、ルールへの理解が深まり、仲間意識が強くなる一方で競争心も出てきている。どの学年も「悔しい」という気持ちが自然に出てきていた。このゲームを通して、年齢の発達によって、こんなにも表現に違いがあることがわかり「こどもの発達って面白い」と思えた数日だった。

―

5歳児クラスのAくんとBくん。二人は仲良しで、いつも一緒に遊んでいる。ある時、つくっていたブロックのことで口論になり、話し合うことなくお互い叩いたり蹴ったりのケンカがはじまった。すぐにその場に行き、止めて話を聞いた。Aくん「そのパーツは僕が使ってたの」、Bくん「使ってないと思ったんだもん」。話を聞くとどうしてケンカになってしまったのかその時の状態が互いにきちんと話せていた。その時は双方に「きちんとお話できたね。言葉で伝えると相手の気持ちがよくわかるね」と伝えた。何日か経って、再びケンカがはじまった。また手が出るのではないかと急いでその場に向かった。するとBくん「ちゃんと目を見て！話そうよ」、Aくん「わかったよ」。言葉はぶっきらぼうではあったが、泣きながらでも言葉で伝えようとする姿に、とてもうれしくなった。状況に応じて保育者がどうかかわっていくかを見極めるのは難しいことだが、それ以上にこどもは保育者から言われたことをしっかりと覚えて実践しようとしている。こどもへのかかわり方の重要性を改めて感じた。

旅立ち ALL SET

You are all set.

040

旅立ち ALL SET

You are all set.

さあ、あなたらしく伸びていこう!

こどもは、保育園でしか表現/体験できないことを数多く経験し、かかわる人や、まわりの環境から影響を受けながら成長していきます。

その状況において

一人ひとりの成長には個人差があるのに、こどもどうしを横並びで比較しがちで、その子なりの成長を認めるのが難しくなっています。

》こどもの成長は乳児期からすべてつながっていて、発達の段階とスピードは、こどもによってさまざまです。

》そしてその成長は積み重ねであり、何かの段階を飛び越すようなことはありません。

》保育園での預かりは、どの時期に入園しても卒園までの期間に限られます。

そこで

保育園での行事や人とのかかわりを軸にしたさまざまな体験の中で、こども自身が目標を持って過ごし、成長することを支援します。

• 乳児での『ひとっていいな』のかかわり、幼児での『今のあなたがすばらしい』の人とのかかわりが軸になり、自信と意欲を持つことにつながっていきます。

• 異年齢保育によって、3年間という幅を持たせた期間の中で成長度合いを見ることで、その子の個性を認めやすくなります。

• 年下の子が年上の子がする活動を見て、あこがれを抱き、やってみたい／挑戦してみたいという気持ちになり『先輩へのあこがれ』が生まれます。

• また、年上の子は、守ってあげたいという気持ちから年下の子のお世話をします。

• 卒園にあたって、小学校への連携を行う際には、書類を活用してその子らしい長所を伝え、保育園全体でその子の成長を見守り、応援していきます。

そうすると

仲間の個性を認めたり、自分の個性に自信を持つことで育まれた自己肯定感から、こどもは希望と意欲を持って、新しい世界に踏み出していきます。保育者や保護者は『その子らしく、伸びていく。』を、お互いに喜び合い、卒園を迎えます。

001～039 すべてのパターン

エピソード

040 旅立ち ALL SET

　2歳児クラスから5歳児クラスまで、その子たちと一緒に日々を共にしてきました。"お友だちや保育者と一緒にいるって楽しいな"というところから、けんかもしたり、仲直りしたり、力を合わせたり、楽しくて仕方がなかったり、その積み重ねの日々のこどもたちでした。そんなこどもたちと過ごす日々、私は保育者とこどもという感覚ではなく、人と人、"クラスの仲間"になっていたのでしょう。しかし、3月の卒園が迫ったある日、公園へ行った時のことです。いつものように私も一緒に遊ぼうとした時、こどもたちが自分たちで遊びを考え一つになり遊びはじめたのです。その時に、「あれ？私がいなくてもこの子たちはもう大丈夫なんだ」と感じたのです。一人ひとりが自分で考え自信と意欲を持って友だちと遊ぶ、成長した姿を目の当たりにしてハッと気づかされたことを今でも覚えています。そんなこどもたち一人ひとりのありのままの姿が、いつまでも輝き続けてほしいと思った瞬間でした。

付録

パターン 一覧

001 ひとっていいな のまとまり

001 ひとっていいな

002 家族／人生まるごと受けとめる

003 その子の紋章

004 足の裏から人生がはじまる

005 1/365

006 凸凸凹凸

007 言葉は渡すもの のまとまり

007 言葉は渡すもの

008 声かけん

009 どうしたの?

010 生活習慣を仕掛ける

011 変化は進化

012 遊びを軸にする

013 こどもとの知恵くらべ

014 本物に触れる のまとまり

014 本物に触れる

015 語りかける飾り

016 メイドイン園

017 薄味は一生の宝物

018 食べるは楽しい

019 おでかけ園庭

020 生き物は保育者一人分

021 今のあなたがすばらしい　のまとまり

021　今のあなたがすばらしい

024　一人でも過ごせる

022　折り合いをつける

025　自分で決める

023　ピットイン

026　居場所を宣言する

027 こどもからはじまる　のまとまり

027　こどもからはじまる

030　遊びを混ぜない

033　アトリ園

028　小さなきっかけから

031　活動／発見の連鎖

029　遊びは日常のトレース

032　夢中・熱中・集中

034 先輩へのあこがれ のまとまり

034 先輩へのあこがれ

035 3つのいいところ

036 特命担当

037 テーブルの七変化

038 こども会議

039 なみだとけんかは園の華

040 旅立ち ALL SET

040 旅立ち ALL SET

あとがき

そ 「その子らしさ」を尊重する、ということは本当に難しい。私自身一人息子の親ですが、女子とは違う価値観と世界に生きている息子を異星人とさえ思え、なかなか彼の良さを認めてあげられずにいました。この会社に転職し、保育園でのこどもへのかかわり方を目の当たりにして目から鱗が……！ 自ら我が子の「宇宙」を狭めていたと猛省しました。今回このパターン・ランゲージ制作のため保育園での数々のエピソードに触れ、こどもは個性を尊重されることで自己肯定感を持ち、自分の宇宙を無限に拡げていけるようになるのだと感じました。そして、それは何歳になっても変わらない方程式なのだろうと思います。

小野寺　晶子

の 脳が飽和するほどまで、言葉と格闘した気持ちです。私たちが普段の生活の中で、意思や考えを伝え話し合い、目標を共有したり解決策を模索する時に、言葉を尽くすことは言うまでもありません。こどもたちとの交流においてもそれは同じで、日常のことから将来の夢の話に至るまで、彼らが絞り出す言葉に耳を傾け十分に咀嚼して、私たちは一つひとつの言葉を贈っていかねばならないことを知りました。果てしない時間を費やし、気持ちを込めて紡ぎ出されたフレーズが、生きた言葉として多くの人に伝わってほしい、と願っています。

米須　正明

子 こどもは自ら育つ力を持っている。そのこどもに、環境や大人がどうかかわると、こどもの育つ力はより伸びていくのだろうか。この本が、そのかかわりの手掛かりになっていけるのではないかと感じています。しかし、保育の実践方法はさまざまであり、保育園のたくさんの素敵なエピソードを分析し、まとめていくための言葉を選びぬくことは、このプロジェクトを進めるにあたり、とても長い時間がかかりました。正直なところ、本当に苦しかった。でも、園長やスタッフの「保育にかける想い」をなんとか形にできたかな。

前重　仁美

ら　「らしさ」を大切にしたい。こどもたちのまわりにいる私たち大人が、"その子らしさ"に気がつき、そのことを真に受けとめていった時、その子の可能性はより拡がりを持って見え、そしてその可能性は、保育園というたくさんのこどもたちの中にいるからこそ輝きを増していくことに気がつきます。この本の制作は、改めて大切にしたいことを確認する時間となりました。その子の宇宙が拡がり続けるための手掛かりを、この本を通じて多くの方に感じていただき、日々の子どもたちとのやりとりに生かしていただけるとうれしく思います。　　　　　　　　佐久間　貴子

し　シルエットは小さなこどもの絵でも、読み手によってパターンから連想するのは、学生であったり、時には職場の部下や上司、身近に介護が必要な方がいれば、高齢の方を想像するかもしれない。そんなことを期待して、解釈に幅が生まれる「影絵」のようなイラストを描きました。いつか子どもたちが大人になった時に、せっかく拡がった宇宙を狭めてしまわない社会を、私たち大人が創造し続けなくてはならないのだと、本書の制作を通して強く思ったからです。　　　　　　　　　　加藤　イオ

く　くねくね長い坂道を登ってきた先にとてもステキな景色が広がっていた。今、そんな晴れ晴れした気分です。保育とはなんて奥が深いのだろう。たくさんの話を聞き、言語化していく作業……終わりがあるのだろうか？と思うほど長い時間がかかりました。こどもだけでなく大人の成長にも大切なことがたくさん詰まったものになったと思います。ここで学んだことは私自身の成長にもつながりました。この本が、多くの方の「宇宙（＝らしさ）」を拡げる手掛かりになりますように。　　四本　眞奈美

●参考文献

クリストファー・アレグザンダー他, 平田翰那 訳,
『パタン・ランゲージ − 環境設計の手引』, 鹿島出版会, 1984.
子どもと保育総合研究所 編, 佐伯胖, 大豆生田啓友, 渡辺 英則, 三谷大紀, 髙嶋景子, 汐見稔幸,
『子どもを「人間としてみる」ということ：子どもとともにある保育の原点』, ミネルヴァ書房, 2013.
カンチェーミ ジュンコ, 秋田喜代美,
『GIFTS FROM THE CHILDREN 子どもたちからの贈りもの―レッジョ・エミリアの哲学に基づく
保育実践』, 萌文書林, 2018

●編集／制作／監修
佐久間貴子
前重仁美
四本眞奈美
小野寺晶子
米須正明
加藤イオ
（株式会社ベネッセスタイルケア）
中林里花（アール舎）

●装丁／本文デザイン
馬場貴裕
西浦隆大
（Logue Creative Inc.）

●表紙・扉イラスト
齊賀愛美（Logue Creative Inc.）

●本文イラスト
加藤イオ（株式会社ベネッセスタイルケア）

その子の宇宙が拡がり続けるためのことば
～保育実践から生まれたこどもが伸びる40の手掛かり～

Benesse Method

発行日	2020 年 1 月 31 日発行　第 1 刷
発行人	西村俊彦
編集／制作／監修	株式会社ベネッセスタイルケア
発行所	株式会社ベネッセコーポレーション 〒206-8686 東京都多摩市落合 1-34 お問い合わせ　0120-68-0145
印刷所／製本所	研精堂印刷株式会社